이 안 〈숨바꼭질〉, 《고양이의 탄생》, 문학동네, 2021.

이정록 〈달팽이〉, 《지구의 맛》, 한겨레출판, 2016.

이준관 〈하트 모양〉, 《웃는 입이 예쁜 골목길 아이들》, 고래책빵, 2018.

이창건 〈씨앗〉, 《씨앗》, 처음주니어, 2013.

이해인 〈별을 보며〉, 《엄마와 분꽃》, 분도출판사, 2006.

임동학 〈꽃밭〉, 《너무 짧은 소풍》, 소금북, 2018.

임미성 〈사랑〉, 《달려라, 택배 트럭!》, 문학동네, 2018.

임수현 〈천사가 느껴질 때〉, 《미지의 아이》, 문학동네, 2021.

정두리 〈안녕, 눈새야〉, 《초파리의 용기》, 아이앤북, 2014.

정연철 〈개울물〉, 《빵점에도 다 이유가 있다》, 한겨레출판, 2017.

정유경 〈눈사람〉, 《파랑의 여행》, 문학동네, 2018.

정진숙 〈늦어도〉, 《아무도 모르는 일》, 청개구리, 2010.

차영미 〈꽃〉, 《으라차차 손수레》, 브로콜리숲, 2020.

최명란 〈어쩌죠?〉, 《우리는 분명 연결된 거다》, 창비, 2018.

최정심 〈바나나〉, 《고백할까 말까》, 도서출판 소야, 2018.

하청호 〈귀도 맛을 안다〉, 《나에게 우체국 하나 있네》, 상상, 2020.

한명순 〈굴 가시〉, 《파도 타는 자전거》, 섬아이, 2011.

한상순 〈웃다 보니〉, 《뻥튀기는 속상해》, 푸른책들, 2012.

＊이 책은 한국문학예술저작권협회, 사이 저작권 에이전시, 모난돌, 출판권을 가진 출판사와 작가와의 연락을 통해 저작권자의 동의를 얻고 출판하였습니다.

문　신 〈바람의 그림자〉, 《바람이 눈을 빛내고 있었어》, 문학동네, 2020.
박승우 〈도토리 키 재기〉, 《백 점 맞은 연못》, 섬아이, 2012.
박　일 〈수평선〉, 《내 일기장 속에는》, 섬아이, 2020.
박일환 〈이제는 울지 말아야지〉, 《엄마한테 빗자루로 맞은 날》, 창비, 2013.
서금복 〈제주도 마음 땅〉, 《우리 아빠만 그런가요》, 청개구리, 2020.
서정홍 〈고맙습니다〉, 《맛있는 잔소리》, 보리, 2017.
성명진 〈오늘 온 눈〉, 《걱정 없다 상우》, 문학동네, 2016.
성환희 〈요양원에서 온 할머니 편지〉, 《행복은 라면입니다》, 고래책빵, 2021.
송찬호 〈사슴뿔 숙제〉, 《저녁별》, 문학동네, 2015.
송현섭 〈저물녘 시냇물아〉, 《내 심장은 작은 북》, 창비, 2019.
신형건 〈우리 가슴속에〉, 《거인들이 사는 나라》, 푸른책들, 2015.
안도현 〈매화꽃〉, 《기러기는 차갑다》, 문학동네, 2016.
안진영 〈민들레꽃의 하루〉, 《맨날맨날 착하기는 힘들어》, 문학동네, 2013.
안학수 〈호박꽃〉, 《부슬비 내리던 장날》, 문학동네, 2013.
오선자 〈겨울 감나무에게〉, 《그물에 걸린 햇살》, 어린른이, 2016.
우남희 〈유가사 은행나무〉, 《너라면 가만있겠니?》, 청개구리, 2020.
유경환 〈초록별 뜨는 호수〉, 《냉이꽃 따라가면》, 파랑새어린이, 2001.
유미희 〈묵은 씨〉, 《뭘 그렇게 재니?》, 위즈덤하우스, 2020.
유희윤 〈포도〉, 《맛있는 말》, 문학동네, 2018.
윤제림 〈누가 더 섭섭했을까〉, 《거북이는 오늘도 지각이다》, 문학동네, 2018.
이문구 〈산 너머 저쪽〉, 《개구쟁이 산복이》, 창비, 2011.
이상교 〈어제저녁부터〉, 《나와 꼭 닮은 아이》, 국민서관, 2021.
이성자 〈내 친구 고슴도치〉, 《입 안이 근질근질》, 청개구리, 2009.

| 출처 |

강지인 〈딱 고만큼〉, 《수상한 북어》, 문학동네, 2018.
곽해룡 〈참외〉, 《축구공 속에는 호랑이가 산다》, 문학동네, 2016.
구옥순 〈쌍꺼풀이 없어도〉, 《말의 온도》, 청개구리, 2016.
권영상 〈다시〉, 《고양이와 나무》, 상상, 2020.
권오삼 〈국시〉, 《진짜랑 깨》, 창비, 2011.
권정생 〈개울물〉, 《나만 알래》, 문학동네, 2012.
김개미 〈나란 할머니〉, 《미지의 아이》, 문학동네, 2021.
김구연 〈웃음소리〉, 《지각대장》, 섬아이, 2010.
김금래 〈갈대〉, 《꽃 피는 보푸라기》, 한겨레출판, 2016.
김명희 〈말의 힘〉, 《딸가닥딸가닥》, 청개구리, 2018.
김미영 〈김미영 씨〉, 《좋은 작가 좋은 동시》, 예림당, 2005.
김미혜 〈꼬리〉, 《꼬리를 내게 줘》, 창비, 2021.
김성민 〈사막이 될 시간〉, 《고향에 계신 낙타께》, 창비, 2021.
김소운 〈엄마가 묻기에〉, 《해님의 장난감》, 섬아이, 2011.
김옥애 〈시간은〉, 《일 년에 한 번은》, 청개구리, 2017.
김용택 〈착해지는 내 마음〉, 《은하수를 건넜다》, 창비, 2020.
김유진 〈곰돌이 쿠키 먹는 법〉, 《나는 보라》, 창비, 2021.
김종상 〈날개의 씨앗〉, 《꿈꾸는 돌멩이》, 예림당, 2010.
김환영 〈사과〉, 《깜장꽃》, 창비, 2011.
김현숙 〈탱자나무〉, 《특별한 숙제》, 섬아이, 2015.
나태주 〈아뿔싸〉, 《엄마가 봄이었어요》, 문학세계사, 2020.
남호섭 〈다모〉, 《놀아요 선생님》, 창비, 2013.
노원호 〈행복한 일〉, 《e메일이 콩닥콩닥》, 청개구리, 2016.

* * *

 이젠 화나도 웃기로 한다. 짜증 나고 슬퍼도 웃기로 한다. 하루 하루 힘들고 고달파도 웃어 넘기기로 한다. 한 번 웃고 잊어버리고, 두 번 웃고 마음을 비우고, 세 번 웃고 가벼워져야겠다고 생각한다. 웃다 보면 생각도 조금 바뀌고, 불편했던 마음도 가라앉겠지. 기쁜 일이 있으면 당연히 웃기로 한다. 그동안 기뻐도 눈치 살피느라 맘껏 웃지 못했다. 예부터 웃으면 복이 온다고 했으니 웃다 보면 복도 데굴데굴 굴러올 것이다. 부처님도 빙그레 웃는 상이 될 때까지 속으로 우는 날이 얼마나 많았을까. 아직은 쓴웃음에 예의상 웃음에 겉웃음일 때가 많지만 언젠가는 진심으로 웃게 될 날이 올 것이라고 믿는다. 말똥 굴러가는 것만 봐도 웃던 그때 그 시절처럼 맑게 웃을 날이 올 것이라고 믿는다. 그때는 하회탈처럼 온 얼굴로 웃어보고 싶다. 그래서 오늘도 열심히 웃기 연습이다.

웃다 보니

부처님!
어제도
오늘도
똑같은 모습으로
빙그레
웃고 계신 것은
늘 기뻐 웃는 게 아니지요?
웃다 보니 기뻐진 거죠?
그렇죠?

한상순

＊ ＊ ＊

　귤을 먹을 때, 우적우적 아작아작 쩝쩝쩝 게걸스럽게 먹지 말아야겠다. 맛을 느낄 사이도 없이 급하고 빠르게 꿀꺽 삼키지 말아야겠다. 귤을 먹을 때는 귤 맛이 들 때까지 바람을 이겨내고 추위를 막아준 귤 가시의 노고를 생각하며 먹어야겠다. 제주의 동그랗고 노란 해를 생각하며 먹어야겠다. 제주의 맑은 햇살을 생각하며 먹어야겠다. 제주의 푸른 바다를 상상하며 먹어야겠다. 제주 아주머니들의 정성 어린 손길과 노랫소리를 상상하며 먹어야겠다. 귤을 먹을 때는 새콤달콤한 즙이 팡팡 터지는 것을 느끼면서 오물오물 천천히 먹어야겠다. 귤이 듣도록 "정말 맛있네!" 감탄하며, "참 달다!" 칭찬하며 귤을 먹어야겠다.

귤 가시

너,
귤 가시 알아?

귤 맛이 들 때까지
바람을 이겨 내고
추위를 막아 주는
귤 가시들

조심해.
함부로 먹었다간
맛있다고 좋아하는 네 이빨에 끼어
바늘처럼 콕콕
찔러댈 테니…….

한명순

* * *

  귀에 달콤한 말은 사랑한다는 말, 고맙다는 말, 칭찬하는 말⋯⋯. 진심이 담긴 말들이다. 귀에 쓴 말은 비난하는 말, 비꼬는 말⋯⋯. 귀는 예민한 맛의 감별사라 무슨 맛인지 금방 알아챈다. 살다 보면 쓴맛 매운맛 볼 때가 많다. 이럴 때는 귀도 여기저기서 쓴 말, 매운 말 듣느라 매우 고통스럽다. 그럴 때 누군가 달콤한 말을 해 준다면 얼마나 마음에 위안이 되고 위로가 될까? 달콤한 말은 기분을 좋게 하고, 힘이 나게 한다. 우울하거나 피곤할 때 사탕이나 초콜릿 같은 달콤한 것을 먹으면 기분이 좋아지고 힘이 나듯이⋯⋯. 그러므로 사탕 같고, 초콜릿 같은 달콤한 말 종종 해주어야겠다. 소중한 사람이 행복해지도록⋯⋯. 참고로 달콤한 말은 귀에 대고 속삭이면 효과가 훨씬 좋다고 들었다. 볼이 붉어지거나 까르륵 웃거나 몸을 배배 꼬는 등 상대방의 신체적 반응을 불러일으키기도 한다고 들었다.

귀도 맛을 안다

―엄마, 사랑해

―네 말이
참 달콤하구나

―엄마도
우리 아들
사랑해요

―엄마 말이
참 달콤해요

귀도
맛을 아네
달콤한 말.

하청호

* * *

　과일가게에 가면 언제나 볼 수 있는 바나나. 철이 없어 봄 여름 가을 겨울, 언제나 만날 수 있는 바나나. 봄이 되면 너 말고 딸기를 선택하고, 여름 되면 너 말고 수박을 선택하고, 가을 되면 너 말고 홍시를 선택하고, 겨울 되면 너 말고 귤을 선택했다. 가끔 너는 사고 싶은 과일이 마땅치 않을 때 시장바구니에 끼어들어 왔지.

　바나나야, 선택을 받아도 받지 못해도 너는 늘 한쪽에서 웃고 있었구나! 볼 때도 안 볼 때도 늘 웃으며 손님을 맞고 있었구나! 너는 어떻게 그렇게 부드럽게, 달콤하게 웃을 수 있니? 네가 미소 천사인지 이제야 알았다. 앞으로는 너를 보고 미소를 배워야겠다. 너를 거울 삼아 너처럼 웃는 연습 해야겠다. 그리고 누군가 찾아주지 않아도, 누군가 알아주지 않아도 잠시만 슬퍼하고 다시 웃어야겠다. 다 잘 될 거야, 속으로 말하면서 금세 환해져야겠다.

바나나

과일가게에서
웃고 있는 건 너뿐이구나

손님마다 한 다발씩
제일 많이 손이 가는 건

노란 입꼬리 살짝 올리고
웃는 모습이 예뻐서일 거야

웃어봐, 그렇게 환하게
모두다 바나나처럼
그럼 다 잘 될 거야.

최정심

* * *

  새가 날아와 앉았는데 왜 나뭇가지가 흔들리는지 생각해 보렴. 잠자리가 날아와 앉았는데 왜 풀잎이 움직이는지 생각해 보렴. 나비가 날아와 앉았는데 왜 꽃송이가 움직일까 잘 생각해 보렴. 나무가 설레는 것 같지 않니? 풀잎이 반기는 것 같지 않니? 꽃송이가 더 붉어진 것 같지 않니? 송이가 옆에 앉았는데, 네 맘이 흔들린다고? 너도 혹시 설레지는 않았니? 속으로 반갑지는 않았니? 너도 모르게 얼굴이 붉어지지는 않았니? 너 딱 걸렸다. 얼레리꼴레리다. 그래도 네가 송이에게 마음이 흔들린다니 반갑고, 예쁘고, 응원을 보내게 된다. 새와 나무처럼 노래하고 춤추며 즐겁게 지내렴. 잠자리와 풀처럼 서로 의지하고 도우며 사이좋게 지내렴. 나비와 꽃송이처럼 다가가고 맞아주며 친하게 지내렴. 자연도 저리 마음 나누고 지내는데, 너희들도 서로 정답게 지내렴……

어쩌죠?

새가 날아와 앉았는데 나뭇가지가 흔들려요
잠자리가 날아와 앉았는데 풀잎이 움직여요
나비가 날아와 앉았는데 꽃송이가 움직여요
그런데 그 런 데
송이가 옆에 앉았는데 내 마음이 흔들려요

최명란

* * *

 싹이 나고 며칠 뒤에는 날이 갑자기 추워졌다. 고개를 푹 숙이고 오들오들 떨며 참아야 했다. 그 뒤에는 햇빛이 환하게 비췄다. 따뜻한 햇살을 받으며 쭈욱 쭉 기지개를 켰다. 다음 날에는 바람이 세게 불었다. 바람이 불 때마다 몸이 이쪽 저쪽으로 크게 휘어졌다. 그래서인지 밤새도록 몸이 뻐근하고 아팠다. 그 후에는 비가 왔다. 모처럼 물도 많이 마시고, 샤워를 하고 나니 기분이 좋았다. 어떤 날은 근처에서 새가 날아왔다. 새의 노래를 들으니 즐겁고 힘이 났다. 어떤 날은 개미가 기어 올라와 몸이 너무 가려웠다.

 좋은 날도 있었고, 무서운 날도 있었고, 아픈 날도 있었다. 그러나 멈추지 않고 꾸준히, 열심히 걸어갔다. 깊게 뿌리 내리고 언제나 풋풋하게, 푸르고 싱그러운 마음을 간직하며 생기를 잃지 않고 걸어왔더니 환하게 꽃이 피었다. 꽃은 저절로 피지 않는다. 씨앗 하나, 정말 잘했다!

꽃

깊고
풋풋하고
환하게

씨앗
하나

바지런히
걸어온

길

차영미

* * *

늦더라도 내 속도대로 가야겠다. 나는 거북이인데, 토끼를 신경 쓰며 가다 보니 넘어지기 일쑤고, 나는 뱁새인데 황새를 따라가려고 하다 보니 다리에 쥐가 날 것 같다. 이젠 토끼 부러워하지 말고, 황새 따라잡으려고 하지 말고 나는 내 속도대로 천천히 가야겠다. 대추나무처럼……. 그동안 비교하며 가고, 남의 말에 신경 쓰며 가다 보니 너무 피곤했다. 천천히 가도 내가 원하는 곳을 향해 멈추지 않고 간다면 언젠가는 목적지에 도착하게 될 것이다. 원하는 결과를 얻게 될 것이다. 대추나무처럼……. 좀 늦으면 어떠랴. 다 자기만의 속도가 있고, 자기만의 때가 있다. 늦어도 차근차근 나아가고, 차곡차곡 쌓아간다면, 그리하여 마침내 마음속에 품고 있던 것을 이루어낸다면 그것보다 행복한 일은 없을 것이다. 이제 대추나무는 내 롤모델이다.

늦어도 그렇게 그렇게.

정진숙

늦어도

살구꽃 피었다 진 지
한참 지나,
앵두꽃 왔다 간 지
오래되어,
잎 피우는
지각생 대추나무.

게으르다고
흉보든지 말든지
너무 늦었다고
비웃든지 말든지
아무것도 못할 거라고
생각하든지 말든지

느릿느릿
차근차근
잎 피우고 꽃피우더니
대글대글
대추 열었네.

* * *

 눈사람을 사랑해서 꽉 끌어안으면 눈사람은 망가지고 말 것이다. 눈사람을 사랑해서 방으로 데리고 들어오면 눈사람은 녹아버리고 말 것이다. 눈사람을 사랑한다면 눈사람을 자꾸 만지기보다 그냥 가까이에서 지켜보아야 한다. 그것이 눈사람이 온전한 모습을 오래도록 유지할 수 있도록 하는 길이다. 눈사람이 추울까 봐 안쓰러워 보여도 바깥에 그대로 두어야 한다. 그곳이 눈사람이 있어야 할 곳이고, 자신을 지키고 보존할 수 있는 곳이기 때문이다.

 눈사람에 대한 지나친 관심과 사랑은 오히려 눈사람을 망치게 할 것이다. 눈사람을 사랑한다면 가끔 창 밖을 내다보면서 두 눈에 관심을 갖고 지켜보기만 하면 된다. 이 시를 읽으며, 사춘기에 들어선 아들을 어떻게 사랑해야 할 것인지 생각하게 되었다. 내가 지나치게 간섭하고 마음을 건드린 것은 아닐까? 여기가 따뜻하고 좋은 곳이라고 너무 내 보호하에 두려고만 했던 것은 아닐까? 눈사람이 눈사람의 길을 갈 수 있도록 지켜보는 것이 지켜주는 것이다.

눈사람

꽉!
끌어안으면
눈사람은 녹고
망가질 거야.

사랑하는 방법이
모두 한가지는 아니야.

정유경

* * *

 개울물은 돌들을 어루만지며 흘러간다. 깨진 돌이 투덜투덜 불평해도, 뾰족한 돌이 예민하게 굴어도, 울퉁불퉁한 돌이 툭툭 치고 시비를 걸어도 개울물은 돌들을 부드럽게 어루만진다. 깨진 돌은 채워주고, 뾰족한 돌은 감싸주고, 울퉁불퉁한 돌은 매만지고 토닥여준다. 개울물은 서로 모양이 다른 돌들의 마음을 달래 주고 위로해 주며 함께 흘러간다. 그래서 깨진 돌도, 뾰족한 돌도, 울퉁불퉁한 돌도 동글동글하고 예쁜, 단단하고 빛나는 조약돌로 만들어 놓는다. 개울물은 품어가기도 하고 돌아가기도 하며 쉼 없이 아래로 흘러간다. 돌돌 사랑하는 돌들의 이름을 부르면서, 돌돌돌 노래까지 부르면서 즐겁게 간다.

개울물

깨진 돌
뾰족한 돌
울퉁불퉁한 돌

돌돌,
보드랍게
어루만지며 가네

정연철

＊ ＊ ＊

"안녕, 눈새야", "안녕, 눈나무야"라는 인사말을 들으니 마치 동화의 나라에 들어온 듯하다. 눈새와 눈나무가 "너도 안녕!" 하고 말을 걸 것만 같다. 첫눈이 내린 아침, 집 밖을 나서면 모든 것이 아름답게 보인다. 첫눈이 하룻밤 사이 세상을 다른 풍경으로 만들어 놓았기 때문이다. 무엇보다도 살짝 쌓여 빛나는 눈을 보면 늘 보던 평범한 것들도 새롭고 특별하게 느껴진다. 눈새, 눈나무, 참 아름다운 말이다. 그러면 조심조심 눈길을 걸어가는 아이는 눈아이고, 코트를 여미며 지나가는 아가씨는 눈아가씨고, 물끄러미 바라보는 나는 눈아줌마다.

첫눈이 내린 아침은 왠지 마음이 설레고 들뜬다. 누군가에게 전화를 걸어 첫눈이 왔다고 말하고 싶고, 만나자고 말하고 싶어진다. 앞으로는 시에서처럼 "안녕, 눈고양이야", "안녕, 눈소나무야" 하고 눈으로 빛나는 인사말도 건네고 싶어질 것이다. 첫눈을 보면 드디어 올해 첫겨울의 시작이구나 실감이 난다. 첫눈의 인사를 받으면 세상은 하얗게 빛나고, 사람들의 마음은 사랑과 행복, 추억으로 빛난다. 겨울은 추워서 힘들지만, 하얀 눈 때문에 미워할 수가 없다.

머리에 눈을 얹고 섰는
측백나무
안녕, 눈나무야!

눈이 내린 아침은
눈으로 빛나는 인사말이
하얗게 쌓여 간다.

정두리

안녕, 눈새야

첫눈이 내린 아침은
반가운 인사를 나누는 날이다

눈에 보이는 모두가
눈으로 가득하다
눈으로 아득하다

아이들은 일부러
눈 속에 발을 빠뜨린다
뽀득 뽀드득
눈의 인사를
크게 듣고 싶어서다

지붕 끝에 살짝 앉은
한 마리 새
안녕, 눈새야!

* * *

 천사가 과연 있을까 생각될 때가 있다. 주로 뉴스를 볼 때 그런 생각이 많이 든다. 매일 쏟아지는 험하고 안타깝고 무섭고 슬픈 뉴스에 세상이 어둡게 느껴지고, 천사는 없다고 생각하게 된다. 그런데 이 시를 보니, 천사는 곳곳에 있었다. 천사는 곳곳에서 도와주고, 살펴주고, 지켜주고, 품어주고, 받아주고 있었다. 또한 누군가를 성장시키고 아픔을 잊게 해주고, 두려울 때 용기를 주고, 미움을 그치게 하고, 시작하는 사람들을 격려하고, 함께 기다리며 걱정해주고 있었다. 나는 몰랐지만 천사는 어디든 달려가고 언제든 달려오고 있었다. 천사는 워낙 조용하고 자연스럽게 일을 해서 천사의 존재를 눈치채기는 쉽지 않다. 하지만 즐겁고 행복한 순간, 평온하고 평안한 순간, 아름다운 순간에는 늘 천사가 있고, 아프고 힘들고, 불안하고, 걱정되는 순간에도 천사는 늘 함께 있다. 천사가 있다고 생각하니 왠지 모르게 힘이 난다.

천사가 느껴질 때

고양이가 울타리 아래 새끼를 낳을 때
빗방울이 망설이지 않고 웅덩이로 뛰어들 때
시간이 동그라미 속에서 지치지 않고 갈 때
눈사람이 녹는 걸 두려워하지 않을 때
장미가 가시를 미워하지 않을 때
오리가 연못을 박차고 날아오를 때
내가 우산 없이 교문 앞에 서 있을 때

임수현

* * *

  사랑은 너의 반짝임을 알아보는 것. 너를 오래오래 들여다보는 것. 네 안에 비치는 내 얼굴 바라보는 것. 너를 그 자리에 그대로 두는 것. 네가 빛나길 기원하는 것. 사랑 참 어렵다……. 그중에서 가장 어려운 건 너를 그 자리에 그대로 두는 것. 그 자리가 네게 가장 어울리는 곳이고, 네가 가장 빛나는 곳이고, 네가 가장 행복해하는 곳임을 알기 때문이다. 하지만 사랑하면 함께 있고 싶은 게 사람 마음 아닌가? 휴가철, 계곡에서 주머니에 넣어온 동그랗고 까만 조약돌, 거실 창가에 여러 장식품들과 함께 조용히 놓여있는 조약돌. 무언가 빛을 잃은 듯한 모습을 보며 '그냥 거기에 두었어야 했나…….' 하며 반성한다.

사랑

너, 거기 있었구나

매일 다니던 길가에

반짝, 조약돌 빛날 때

주워서 주머니에 넣지 않고

집어서 멀리 던지지 않고

오래오래 들여다보는 것

그 안에 비치는 내 얼굴 보다가

그냥 그대로

있는 그대로

거기서 빛나라고

기꺼이 두는 것

임미성

* * *

 따뜻한 봄날에는 어딜 가나 꽃밭이 펼쳐진다. 울타리 안에는 크고 화려한 꽃들이 알록달록 피어 있고, 울타리 밖에는 작고 수수한 꽃들이 무리 지어 피어 있다. 울타리 안은 사람들이 정성스레 가꾼 꽃밭이고, 울타리 밖은 자연이 자연스럽게 가꾼 꽃밭이다. 봄날에는 꽃밭으로 가자. 바쁘더라도 눈길 한번 주고 지나가자. 우울하고 슬픈데 뭔 꽃밭이냐고 할 수도 있다. 하지만 이해인 수녀님도 〈꽃을 보고 오렴〉이라는 시에서 '울고 싶으면 꽃을 보라'고 하셨다.
 노래 가사처럼 꽃밭에서 아빠 생각을 하든, 고운 빛은 어디에서 왔을까 생각을 하든, 꽃을 보고 있으면 꽃의 생기와 에너지가 전해져 꽃마음이 되고, 꽃웃음이 피어날지도 모른다. 피어 있는 꽃들을 보면, 모여 있는 꽃들을 보면, 나비를 앉혀주는 꽃들을 보면, 바람에 흔들리는 꽃들을 보면, 제 빛깔과 향기를 지닌 꽃들을 보면, 나도 한 송이 꽃으로 살고 싶다고 생각하게 될지도 모른다.

꽃밭

장미
튤립
모란

동그란 울타리 속
꽃밭입니다

민들레
씀바귀
토끼풀꽃

울타리 밖도
예쁜 꽃밭입니다

임동학

* * *

 사람이 별과 같다고 생각될 때가 있다. 눈이 희망으로 반짝일 때, 얼굴이 기쁨으로 빛날 때, 아름다운 마음을 볼 때 그런 생각이 든다. 하지만 자신이 별임을 모르는 사람들이 많은 것 같다. 빛을 잃은 별들이 많은 것 같다. 자신이 별임을 알았으면 좋겠다. 자신에게도 빛이 있음을 잊지 말고, 빛을 찾아내어 반짝반짝 빛났으면 좋겠다. 나도 반짝이는 눈으로, 빛나는 얼굴로, 아름다운 마음으로 살고 싶다. 나도 별처럼 살고 싶다. 너도 빛나고 나도 빛난다면 세상은 별들이 반짝이는 아름다운 우주일 텐데······.

얼굴은 작게 보여도
마음은 크고 넉넉한 별
먼 데까지 많은 이를 비추어주는
나의 하늘 친구 별

나도 날마다
별처럼 고운 마음
반짝이는 마음으로
살고 싶습니다

이해인

별을 보며

고개가 아프도록
별을 올려다본 날은
꿈에도 별을 봅니다

반짝이는 별을 보면
반짝이는 기쁨이
내 마음의 하늘에도
쏟아져 내립니다

많은 친구들과 어울려 살면서도
혼자일 줄 아는 별
조용히 기도하는 모습으로
제자리를 지키는 별
나도 별처럼 살고 싶습니다

* * *

  내가 만일 하느님이 뿌린 씨앗이라면 내가 떨어진 바로 그 자리가 내가 싹을 틔우고 살아가야 할 운명의 자리일 것이다. 하느님이 나라는 씨앗을 지상에 뿌렸을 때는 행복하게 잘 살기를 바랐을 것이다. 자신의 삶을 잘 가꾸고, 함께 어울려 지상을 아름답게 하기를 바라셨을 것이다. 이런 생각을 하게 되면, 어떻게 살아야 할까, 어떻게 사는 것이 잘 사는 것일까 잠시 생각에 잠기게 된다. 구상 선생님께서는 "너의 앉은 그 자리가 바로 꽃자리"(구상, 〈우음 2장〉에서)라고 하셨다. 그러므로 왜 이런 곳에 나를 뿌린 거야, 여기는 너무 불편해, 라고 불평하기보다 나의 자리를 받아들이고, 그 자리에서 최선을 다해야겠다고 생각하게 된다. 나의 자리를 꽃자리로 만들어가야겠다고 흔들리는 마음을 다잡게 된다.

씨앗

하느님이
세상을 만들고
손에 씨앗을 들고 다니셨다
어디다 뿌릴까
어떤 씨는 바다에 뿌려
바다풀이 되고
어떤 씨는 땅에 뿌려
꽃이 되고 나무가 되고
하늘에 뿌린 씨는
별이 되었지
나도 하느님 손에 든
작은 씨앗인데
지금 여기인가

이창건

* * *

 막 돋아난 꽃잎이나 막 돋아난 날개, 하트 모양일까 싶지만, 가만히 살펴보면 넓적하든 길쭉하든 하트 모양 맞다. 시에 의하면 이들이 하트 모양을 하고 있는 이유는 사랑받기 위해서이다. 이들이 하트를 날리며 '사랑해 주세요' 하고 고백하고 있는데, 그동안 나는 너무 무심하게 쌩하고 지나쳤다. 이제는 채송화와 해바라기를 사랑하는 눈빛으로 바라보고, 나비와 잠자리도 사랑하는 마음으로 바라보아야겠다.

 하트는 심장이라는 뜻이다. 우리는 모두 가슴 속에 두근거리는 하트를 가지고 있다. 우리가 가슴 속에 하트를 가지고 있는 이유 역시 사랑받기 위해서일 것이다. 심장은 매 순간 나 여기 살아 숨 쉬고 있다고, 사랑받고 싶다고 말하고 있다. 그러므로 너를 사랑하고, 나 자신을 사랑해야겠다고 생각한다. 그렇게 열심히 사랑해 달라고 쿵쾅거리는데 외면하면 안 되겠다고, 심장이 눈물 흘리게 해서는 안 되겠다고 생각한다.

하트 모양

이제 마악 돋아난
채송화 꽃잎도
해바라기 꽃잎도
하트 모양이지

이제 마악 날개가 돋아난
나비도
잠자리도
하트 모양이지

사랑받기 위해서.

이준관

* * *

  더듬이를 세우고 느릿느릿 풀잎을 기어가는 달팽이……. 등에 집을 지고 이사 가는 줄로만 알았더니 여행중이었구나! 그러고 보니 네 등의 동그랗고 딱딱한 것은 집이 아니라 여행 가방이었구나. 너는 지금 지구 곳곳을 누비며 세상을 맛보고 구경하는 중이었구나. 사실은 나도 여행중이다. 나는 삶을 여행하는 중이지. 그러고 보니 너와 나는 둘 다 여행자구나! 그래, 우리 여행하면서 많은 것을 보고 듣고 느껴보자. 그리고 나중에 만나 서로의 여행 이야기 나누어보자. 여행하며 맛본 쓴맛, 짠맛, 신맛, 단맛에 대해 밤 새워 이야기해 보자. 그날까지 낯설고 외로운 여행길에서 용기 잃지 말길……. 슬플 땐 슬픈 노래, 기쁠 땐 기쁜 노래 부르며 흥얼흥얼 가길……. 나도 그럴 테니…….

달팽이

여행 중이야.

다 핥아 보고
알려 줄게.

한 접시,
지구의 맛을.

이정록

* * *

  하느님은 어디 계실까? 어른이 된 후로는 아무리 찾아도 하느님을 찾을 수 없다. '못 찾겠다 꾀꼬리'를 외쳐도 하느님은 그 모습을 드러내지 않는다. 어린 시절, 하느님은 분홍 꽃에도 노랑나비에도 숨어계셨고, 작은 새에도 동그란 돌에도 숨어계셨던 것 같은데……. 하느님은 여기저기서 자주 모습을 들키셨던 것 같은데……. 지금은 하느님이 어디 숨어 계신지 찾지 못하겠다. 하느님은 얼마나 내가 다가오기를 기다리고 계실까? 내가 찾아주기를 기다리고 계실까? 하느님은 아마 너무 오래 숨어계셔서 다리가 저릴지도 모르겠다.

  그런데 이제 나는 하느님을 보아도 하느님인지 알아보지 못할 것 같다. 거리에서 공원에서 하느님을 마주쳐도 그냥 지나쳐버릴 것 같다. 나는 이미 너무 때가 타서 순수도, 사랑도, 놀라움도, 감탄도 사라진 지 오래이므로……. 하느님을 찾으라고 준 빛을 하느님을 찾는 데 쓰지 못하고 물질만을 바라보고, 유용과 편리만을 찾아내는 데 써왔으므로…….

숨바꼭질

"나를 찾는 데 쓸 빛이란다."

갓 난 내 두 눈에
부어 주고서

하느님은 숨어,
나 오기를 기다리리

아니라고 말할 수 없는
모든 것 속에

하느님은 숨어서

이 안

* * *

  친하게 지내려면 거리가 없어야 한다고 하지만, 친하게 지낼수록 거리가 필요하다. 친하게 지내다 보면 우리는 하나라고 착각하는 경우가 많다. 그래서 더 가까이 다가가지만, 그럴수록 우리가 하나가 아니라는 것만을 확인할 뿐이다. 근본적으로 너와 나는 아무리 친해도 완전한 하나가 아니다. 사람들은 모두 고슴도치와 같다. 너무 가까워지면 찌르기 마련이다. 고슴도치가 찌르는 건 자신을 보호하고 지키기 위해서이다. 자신의 독립성과 자율성을 유지하기 위해서이다. 좋은 친구가 되려면 서로의 특성과 다름을 인정하고, 존중하는 것이 필요하다. '한 발짝 물러나는 것', 즉 한 발짝 물러서서 서로를 바라보는 것이 필요하다. 사이 좋은 친구들일수록 그들 사이에 '사이', 즉 적절한 거리가 있음을 꼭 기억하자.

내 친구 고슴도치

고슴도치는
세상에서 내가 제일 좋대

그러면서도
곁으로 바짝 다가가면
가시로 콕콕 찌르는 거야

―아야, 아야!
　왜 찌르는 거야?
화가 나서 나는 소리쳤어

고슴도치 곁에서
한 발짝 물러났지

와,
이제야 고슴도치 웃는 얼굴이
정답게 보이는 거야.

이성자

* * *

  좋아하면 너에 대해 알게 되지. 네가 단무지를 좋아한다는 것을. 네가 실로폰 소리를 좋아한다는 것을. 네가 나무 밑으로 걸어 다니길 좋아한다는 것을……. 좋아하면 너에게 관심이 생기지. 너의 말에 귀 기울이게 되고, 너를 이해하고 공감하게 되지. 좋아하면 세상이 온통 너로 가득하지. 노란 달을 보면 단무지를 좋아하는 네가 떠오르고, 담장 밖으로 실로폰 소리가 흘러나오면 귀 기울이게 되고, 나무 아래를 지날 때면 놓여있는 벤치도 눈여겨 보게 되지. 뭐든지 나보다 네가 우선이고, 너를 배려하게 되지.

  좋아하면 나에 대해서도 알게 되지. 변화하게 되지. 더 세심해지고, 더 친절해지고, 더 마음이 넓어지고, 더 따뜻해지지. 이타적이고 헌신적인 사람이 되지. 진정으로 좋아하면 더 나은 내가 되지. 한 뼘 더 성장하게 되지.

어제저녁부터

어제저녁부터
나는
노란 단무지를
좋아하게 되었다.

어제저녁부터
나는
실로폰 소리를
좋아하게 되었다.

어제저녁부터
나는
나무 밑으로 걸어 다니길
좋아하게 되었다.

내가 좋아하는 네가
좋아한다고 말한 그런 것들 다아
좋아하게 되었다.

이상교

* * *

 밤마다 별똥이 떨어진 산 너머 저쪽, 은하수가 흘러간 산 너머 저쪽……. 산 너머 저쪽에 가 보고 싶었다. 산 너머 저쪽에는 떨어진 별똥이, 흘러간 은하수 조각들이 한가득 쌓여서 빛나고 있을 것 같았다. 산을 넘어가니 또 다른 마을이 나오고, 또 산을 넘어가니 시골 읍내가 나왔다. 읍내는 시끌벅적하고 재미있었으며, 눈길을 사로잡는 것들이 많았다. 머리핀, 머리끈, 진열된 운동화 등 모든 것이 별처럼 반짝거리는 것 같았다. 또 산을 넘어가니 도시가 나오고, 또 산을 넘어가니 더 큰 도시가 나왔다. 그래서 지금 나는 이곳에 있다. 도시의 불빛을 보며 가끔은 생각한다. 저 반짝이는 불빛이 밤마다 떨어진 별똥이 맞을까? 저 화려한 빛의 바다가 여름내 흘러간 은하수가 맞을까? 나는 제대로 잘 찾아온 것인가?

산 너머 저쪽

산 너머 저쪽엔
별똥이 많겠지
밤마다 서너 개씩
떨어졌으니.

산 너머 저쪽엔
바다가 있겠지
여름내 은하수가
흘러갔으니.

이문구

3장

웃어봐
그렇게 환하게

　　　　　＊ ＊ ＊

　세상에서 제일 섭섭할 때는 좋아하는 사람이 나를 온전히 알기보다 대충 알고 있다고 느낄 때이다. 나를 보면서 다른 사람 이름을 부르거나 내 이름만 알고 진짜 내 모습은 모를 때이다. 이럴 때는 정말 속상하고 실망이 돼서 살아갈 힘마저 잃게 된다. 양지, 볕이 드는 곳, 얼마나 예쁜 이름인가. 노랑 제비, 얼마나 아름답고 환상적인 이름인가. 꽃들은 얼마나 소년이 자기 이름을 불러주기를 기다렸을까? 그런데 이름을 잘못 부르다니…….
　모양과 색깔이 비슷하다고 혼동한다면 그것은 온전히 알고 있지 않다는 뜻……. 관심이 부족하다는 의미……. 아마 양지꽃, 노랑제비꽃 둘 다 오늘 하루 힘없이 고개를 푹 숙이고 있을 것이다. 예쁜 노란빛을 잃은 채 시들시들 기운 없이 흔들리고 있을 것이다. 소년아, 큰일 났다. 너 섭섭한 양지꽃 마음, 섭섭한 노랑제비꽃 마음 어떻게 풀어줄래? 네가 아무리 물을 넉넉히 주어도 오늘은 양지꽃, 노랑제비꽃 마음 돌리기 어려울 것 같다. 나도 꽃들과 비슷한 경험이 있어서 잘 안다.

누가 더 섭섭했을까

한 골짜기에 피어 있는 양지꽃과 노랑제비꽃이
한 소년을 좋아했습니다.

어느 날 아침,
소년이 양지꽃 얼굴을 들여다보면서
반갑게 인사를 했습니다.

"안녕! 내가 좋아하는
노랑제비꽃!"

양지꽃은 온종일 섭섭했습니다.
노랑제비꽃도 온종일 섭섭했습니다.

윤제림

* * *

  너도 포도, 나도 포도인데, 너는 작은 포도, 나는 더 큰 포도, 너는 길쭉한 포도, 나는 동그란 포도라고 생각했다. 너는 덜 익은 포도, 나는 잘 익은 포도라고 구분했고, 너는 뒤쪽 포도, 나는 앞쪽 포도, 너는 아래쪽 포도, 나는 위쪽 포도라고 나누었다. '우리는 비슷한 점이 있구나' 라기보다 '나는 너와 달라' 하며 단절했고, 바깥쪽에 있어서 햇빛을 잘 받아 좋다고, 내가 더 달고 맛있다고 각자 자랑하기에만 바빴다. 서로 마음을 열 줄 몰랐고, 마음을 나눌 줄 몰랐다. 우리는 한 가지로 이어져 있는 커다란 한 송이 포도인 줄 모르고……. 서로 붙어 있고 연결되어 있는 줄 모르고…….

포도

너도
포도
나도
포도

우린
포도

나도
작고
너도
작고

근데
참 크다

한 송이
우린

유희윤

* * *

　나도 뿌리고 싶은 씨가 있다. 너무 늦은 것 같아서 망설이고 있었다. 지금 이 나이에 시작해도 될까, 지금 시작해서 잘 할 수 있을까, 고민만 하고 있었다. 그런데, 할매의 말에 희망이 생긴다. 할매, 정말이죠? 묵은 씨 지금 뿌려도 파릇파릇 싹이 나는 거 맞죠? 농사 경험 많은 할매의 말이니 분명히 맞을 것이다. 나도 할매 말 믿고 묵은 씨 한번 뿌려볼란다. 묵은 씨 가지고만 있다가 뒤늦게 후회하기 전에. 어디다 두었는지 잊어버려 한참을 찾느라 고생하기 전에. 너무 오래 묵혀두어 완전히 말라버리기 전에. 혹시 누가 아나? 뒤늦게 뿌렸어도 작고 앙증맞은 꽃이라도 피워줄지……. 내가 뿌려 보고 싶은 그림이라는 묵은 씨…….

묵은 씨

할매,
작년에 깜박하고 못 심은 시금치씨
그렇게 지금 심어도
파릇파릇 싹이 나와요?

그렇당께
니도, 철 놓쳐 맴속에 갖고만 댕기는
묵은 씨 있으믄
시방 뿌려도 늦지 않는당께.

유미희

＊ ＊ ＊

　산에 흰 눈이 내려 쌓이고 있다. 흰 눈은 산에 쌓이며 생각한다. 나는 무엇이 되어야 할까? 나는 무슨 일을 해야 할까? 흰 눈이 산에 쌓여 한참을 고요히 머무는 이유가 있었다. 그리고 마침내 눈은 알아냈구나! 깨달았구나! 흰 눈은 스며서 샘물이 되어야겠다고, 나무를 살려야겠다고, 초록별 뜨는 호수를 만들어야겠다고 생각한다. 스민다는 것은 흰 눈이 녹는다는 것, 물이 된다는 것, 자신의 모양과 색을 버린다는 것……. 흰 눈은 자신을 녹여 맑은 물이 되기로, 이로운 물이 되기로, 아름다운 물이 되기로 결심한 것이다. 하얀 눈이 맑고 깨끗하고 순수하다고 생각하고 있었는데, 선하고 어진 마음까지 가졌음을 이제야 알겠다. 흰 눈의 결심 덕분에 샘물은 차오르고, 나무는 자라고, 호수는 찰랑인다. 세상에 봄이 오고 꽃이 핀다.

초록별 뜨는 호수

산에 흰 눈 쌓이는 동안
생각했어
스며서 스며서 샘물 되어야겠다

산에 흰 눈 쌓이는 동안
생각했어
스며서 스며서 나무 살려야겠다

산에 흰 눈 쌓이는 동안
생각했어
초록별 뜨는 호수 만들어야겠다.

유경환

* * *

  부처님께서 나도 그 냄새 맡고 있다고 말씀하시는 것 같다. 하지만 냄새는 너희들에게서도 난다고, 더 심한 냄새가 나는 경우도 있다고 말씀하시는 것 같다. 부처님께서 웃으시며 냄새가 아닌 열매를 보라고, 더 중요하고 근본적인 것을 보라고 하시는 것 같다. 냄새는 은행나무가 열매를 보호하고 스스로를 지키기 위한 노력이고 지혜라고 조용히 알려주시는 것 같다. 냄새가 아니라 향기라고 나직하게 말씀하시는 것 같다. 그리고 온화한 눈빛으로 노랗게 물든 은행잎도 한번 보라고 말씀하시는 것 같다. 은행나무는 자신을 아름답게 물들일 줄 알고, 그리하여 남을 행복하게 해줄 줄 알고, 예쁘게 물들인 은행잎을 한 장 한 장 내려놓을 줄도 안다고…….

유가사 은행나무

법당 앞 은행나무

버릇없이
냄새 풍긴다.

너도나도
구린내 난다고
코 막고 지나가는데

부처님,
"냄새난다, 문 닫으라." 하지 않고
빙그레 웃으신다.

*유가사: 대구 비슬산에 위치한 천년고찰.

우남희

* * *

 겨울 감나무야, 너 참 잘 살았구나. 감들도 잘 길러내고, 잎마다 예쁘게 물들이고……. 벌레들 때문에 가려웠던 것도 잘 이겨냈구나. 너를 닮고 싶다. 너처럼 아직은 푸르고 떫은 아이들을 붉고 실하게 잘 길러내고, 인생의 가을에는 깊은 주홍빛으로 물들고 싶다. 벌레들 때문에 힘들고 괴로운 날들도 잘 이겨내고, 나중에는 홀가분하게 빈 가지만 남아 가끔은 바람 따라 자유롭게 흔들리고 싶다. 해님, 달님, 별님이 찾아오면 하늘 이야기 듣고, 땅 이야기 들려주며 오래도록 이야기 나누고, 까치가 찾아오면 편히 쉬었다 가라고 두툼한 가지 하나 내밀어야겠다.

겨울 감나무에게

보람 있었지?
감들을 길러내어서

즐거웠지?
잎마다 예쁘게 물들일 수 있어서

가려웠지?
벌레들과 같이 살아야 했으니까

홀가분하지?
모두 보내고 빈 가지만 남아서

외롭지 않지?
해님 달님 별님 바람
가끔
까치도 찾아와 주니까.

오선자

* * *

  시골에 가서 며칠 있는 동안, 호박꽃 사진을 찍으려고 아침 먹고 바로 호박밭으로 갔다. 그런데 호박밭은 벌써부터 윙윙윙 소리가 넘쳐나고 있었다. 통통하고 귀여운 호박벌과 꿀벌이 호박꽃을 부지런히 드나들고 있었다. 벌들이 시끄럽게 하고 꿀을 가져가도 호박꽃은 싫은 내색 하나 없이 함박웃음을 짓고 있었다. 넓고 큰 잎사귀를 들치니 호박들이 커 가고 있었다.

  호박꽃을 보니 정말 큰 얼굴을 가졌다는 생각이 들었지만, 꽃잎을 자세히 보니 주름도 많았지만, 나도 호박꽃이고 싶다고 생각했다. 크고 환한 웃음 보여주는 호박꽃. 꽃잎이 살짝 말려 있어 노란 별 같기도 한 호박꽃. 누가 못생겼다고 소근거리건 말건, 그래도 자세히 보면 호박꽃도 예쁘다고 말하건 말건, 따뜻하고 넉넉하게 호박꽃으로 살고 싶다.

호박꽃

털털하게 땅을 기어간다고
아무거나 타고 올라간다고
흔하디흔한 꽃이라지만
예쁘지 않은 꽃이라지만

그보다 따뜻한 꽃이 없지.
그만큼 넉넉한 꽃은 없지.

땡볕에 몽롱하던 날
찾아온 땅벌 한 마리
주린 배 가득 먹이고도
단 꿀 한 통 들려보냈지.

크고 넓은 잎 치마폭엔
반가운 이 오면 주려고
싱싱한 애호박 하나
남몰래 키우고 있지.

안학수

* * *

  민들레는 어디서라도 꽃을 피운다. 도로변이나 보도블록 틈이라도 잎사귀를 내밀고 꽃을 피운다. 민들레는 작은 해님처럼 언제나 노랗게 웃고 있다. 민들레는 다가오는 벌, 나비를 반갑게 맞이하고 이들과 어울리며 화해롭게 살아간다. 무엇보다 민들레는 밟히고 상처 입더라도 다시 힘을 내서 일어선다. 민들레는 약해 보이지만 약하지 않다. 그리고 민들레는 쥐고 있는 것을 놓을 줄도 안다. 나중에는 가벼워져서 하늘을 훨훨 날아간다.

  민들레는 오늘도 최선을 다할 것을 알기에 '오늘 하루 행복할 거야'라고 말하고, 오늘도 최선을 다했기에 '오늘 하루 행복했어'라고 말한다. 민들레는 매일 행복을 만들어간다. 민들레처럼 살아가는 많은 사람들이 있다. 그들은 평범하고, 흔하고, 보아주는 사람 없어도 꿋꿋하고 당차게 살아간다. 날마다 최선을 다하며 자기 자리를 환하게 만들어간다. 그들이 있어 이 세상은 언제나 아름다운 민들레 꽃밭이다.

민들레꽃의 하루

아침에 봉오리를 펼치며, 오늘 하루 행복할 거야
저녁에 봉오리를 오므리며, 오늘 하루 행복했어

안진영

* * *

  매화나무에 꽃 폈다. 바람은 차가워도 매화를 보며 봄이 오는구나 느낀다. 매화, 원래 아름다운 줄 알았더니, 원래 그윽한 줄 알았더니 원래 그런 게 아니다. 지난겨울, 하얀 눈송이가 내려와 머물며, 메마르고 갈라진 나뭇가지 촉촉이 적셔주었다. 고개 내민 여린 꽃망울을 포근히 감싸주고, 목마름을 채워 주었다. 눈송이의 정성과 사랑이 있었기에 눈송이가 앉은 자리마다 눈송이 같은 꽃이 피었다. 매화는 눈송이를 잊지 않고 쌀랑쌀랑 눈 내리는 소리로 핀다. 눈송이의 마음을 닮아 은은하고 깊은 향기를 지닌다. 하얀 꽃잎이 눈송이 날리듯 나풀나풀 흩날린다.

매화꽃

여기는
눈발이
앉아 쉬었다 간
자리다

눈송이가
꽃망울을 감싸 쥐고 있던
자리다

내년 겨울에
다시 꼭 온다고
표시해 둔
자리다

여기는
매화꽃 피는 소리
쌀랑쌀랑
들리는
자리다

안도현

* * *

　그래, 친구야. 가슴속에 작은 연못 하나 준비해 놓을게. 길 잃은 별들 떨어져 내릴 때, 갈 곳 없어 헤맬 때, 우리가 받아주자. 우리가 품어주자. 우리가 나이 들어 해야 할 일이 무엇이겠니. 상처 입은 어린 별들, 눈물 흘리는 여린 별들, 같이 울어주고, 같이 아파해주는 일 외에……. 다독여 주고 위로해 주는 일 외에……. 우리도 아파서 울었던 시절이 있었잖니……. 마음 편히 울 수 있는 곳, 마음 편히 쉴 곳이 필요했잖니……. 우리 품이 넓은 어른이 되자. 자애로운 어른이 되자. 새싹을 키우고 꽃들을 피워올리는 봄처럼 따뜻한 어른이 되자.

우리 가슴속에
동그란 거울 같은 연못 하나씩
준비하지 않을래.
길 잃은 별들 마음 놓고

첨벙
첨벙
뛰어들도록.

신형건

우리 가슴속에

친구야, 밤마다 우리
가슴속에
작은 연못 하나씩
마련해 두지 않을래.

어디 먼 곳에
컹컹
개들이 사납게 짖어대고

그 소리에 놀라
길 잃은 별들
하늘 밖으로
아득히 아득히 떨어져 내린다.

친구야, 그 커다란
하늘의 품이
미처 안아 주지 못한 별들을 위해

* * *

저물녘 시냇물을 보면 왠지 쓸쓸해진다. 졸졸졸 흐르는 시냇물 소리도 나지막하고 구슬프게 들린다. 지금까지 흘러와서 또 어디로 흘러가는지 허무한 생각이 들기도 한다. 이곳까지 흘러오면서 굽이굽이 사연도 많았겠지. 여러 이야기를 품고 흘러 흘러 오다 보니 어느새 저물녘이 되었을 것이다. 그러고 보니 나도 어느덧 저물녘 시냇물이 된 것 같다. 친구들과 만나면 "어머 우리가 벌써 이 나이가 됐니. 학교 다닐 때가 엊그제 같은데……."라며 서로 한숨 쉴 때가 많다.

저물녘 시냇물이라서 눈물 난다. 곧 밤이 올 것을 생각하면 눈물 난다. 저물녘 시냇물이라 눈물 날 일 많지만 그래도 밤이 오면 달과 별을 띄우고 끝까지 최선을 다해 흘러갈 것이라고 다짐해 본다. 낮과는 다른 아름다움과 즐거움이 있을 것이라고 위안해 본다. 저물녘 시냇물이지만 그래도 같이 거닐어주는 친구들이 있어 참으로 고맙다. 배추흰나비, 잠자리, 달팽이, 소금쟁이, 서로 위로하고 격려하며 우리 함께 걸어가리라.

저물녘 시냇물아

저물녘 시냇가를 거니는
배추흰나비 한 마리와 잠자리 한 마리와 달팽이 한 마리와 소금쟁이 한 마리와 나

저물녘 시냇물을 따라가는
버드나무 이파리와 어둑어둑 송사리 떼와 눈이 빨개진 구름들과 길어진 내 그림자

저물녘 시냇물아, 눈물 나니?

눈물 난다.

송현섭

* * *

 사람은 누구나 사슴 그림처럼 공들인 작품일 것이다. 사람에게는 누구나 지우고 다시 그릴 정도로 정성이 가득 들어간 작은 사슴뿔이 있을 것이다. 나 역시도 소중한 작품일 것이며, 나에게 꼭 맞는 작은 뿔이 있을 것이다. 지금에서야 그것을 깨닫는다.

 그동안 나는 불평하기만 했다. '이게 뭐야, 내 뿔은 왜 이래. 왜 이리 작고 볼품없지? 나는 너무 가진 것이 없구나!' 하며 투덜거리고 나 자신을 초라하게 생각하기만 했다. 나에게 꼭 맞는 뿔인지도 모르고, 소중한 것인지도 모르고……. 튼튼하고 크게 키워볼 생각을 못 하고 노력도 하지 않은 채 시간을 흘려보냈다. 남의 뿔이 크고 멋있어져 왕관처럼 빛날 동안, 내 뿔은 나아진 것이 별로 없다. 가만히 만져보면 여전히 작은 내 뿔……. 내준 숙제를 다 하지 못한 것 같아 속상하다. 지금이라도 늦지 않았다면, 열심히 뿔을 키우고 다듬어 나에게 어울리는 예쁜 뿔을 가져 보고 싶다. 아직 숙제할 시간이 남았으니…….

사슴뿔 숙제

사슴을 그리다가
뿔을 잘못 그려
지우개로 지웠다

뿔을 다시 그리면서
사슴에게
내는 숙제

너에게 꼭 맞는
작은 뿔을 그려 줄 테니까
앞으로 네가 튼튼하고 크게 키워

송찬호

*　*　*

　지방에 홀로 계시는, 팔순이 넘은 노모는 나와 전화 통화를 할 때마다 꼭 덧붙이신다. "전화 자주 해라." 예전에는 해야 할 말만 하시곤 전화를 뚝 끊고, 말도 다 안 끝났는데도 끊으실 적이 많더니, 요즘은 이 얘기 저 얘기 다 하시고 나선 "또 전화해라." 하며 전화기를 내려놓으신다. 이제는 전화요금도 무섭지 않으신가 보다. '통화는 간단히'라던 생활 신조도 잊으셨나 보다. 나는 '엄마가 변했네' 하고 중얼거리면서도 얼마나 적적하면 저러실까, 얼마나 외로우면 그러실까, 마음이 전기 통한 듯 찌르르 해진다. 몇 년 전 크게 아프신 후로는 주간보호센터의 모범생이 되어버린 울 엄마. 주간보호센터의 선생님들께 잘 지낸다고 칭찬도 많이 받는다던데, 이번 토요일에는 결석 한번 시켜드려야겠다.

요양원에서 온 할머니 편지

여긴 모두 녹슬고 있구나!

오늘은 내 이름이 낯설고
걷는 법도 잊어가고 있다

몸 아파서 아픈 게 아니다
점점 뭘 기다리는 게 전부인 시간이
슬퍼서 아픈 것 같다

이번 일요일엔 같이 오너라
내 손주들 웃음소릴 끌고라도 오너라

햇살 같은 웃음 소독이라도 해야
이 어두운 귓속이
좀 환해지지 않겠니?

성환희

* * *

  눈 내린 날 아침, 밖에 나가 보면 여러 자국들을 만날 수 있다. 다양한 모양의 신발 자국들과 자동차 바퀴 자국들……. 눈 쌓인 풀밭에는 길고양이 발자국과 새 발자국이 뚜렷하고, 누군가 눈 위에 그려놓은 하트와 '사랑해'라는 글씨도 보인다. 그리고 아파트 경비 아저씨들이 쓸어놓은 빗자루 자국도 있다. 한겨울, 아침 일찍 길을 나선 사람들, 그들은 분명 부지런하고 성실한 사람들일 것이다. 겨울의 추위를 열성과 노력으로 잊어버리는 사람들일 것이다.

  시를 보니, 눈은 이들의 부지런함과 성실함을 알고 간직하고 있다가 하느님께로 가지고 간다. 지금 밖에 눈이 녹고 있는 것을 보니 아마도 눈이 발자국들을 하느님께로 가지고 가는 중인가 보다. 하느님이 이들을 반드시 축복해줄 것이라고 믿는다. 근면과 성실은 하느님의 마음을 움직이는 일이다. 따라서 근면하고 성실하다면, 하느님이 도울 것이고 이루지 못할 것이 없을 것이다.

오늘 온 눈

아침에 하늘에서 갑자기
눈이 내려왔습니다.
눈이 별나게 포근하고 깨끗합니다.
사람들이
그 위에 자국들을 찍는데
걸어간 자국
넘어진 자국
손수레 끈 자국까지
일일이 찍힙니다.
부지런히 사는 이들 것입니다.
어쩌면 눈은
이 자국들을 그대로 떠서
하느님께 가져가려는지도 모릅니다.

성명진

* * *

  고맙다는 생각은 별로 해본 적이 없다. 오히려 불평과 원망, 울분이 많았다. 이 시를 읽고 나는 무엇이 고마운가 생각해 보았다. 남편이 회사에 잘 다녀서 고맙고, 아이들이 학교를 잘 다녀서 고맙고, 아직 친정엄마가 살아계셔서 고맙고, 내가 건강하고 밥 잘 먹는 것이 고맙고, 평온한 일상이 고맙다. 꽃을 볼 수 있어 고맙고, 새 소리를 들을 수 있어 고맙다. 가까운 곳에 맛있는 떡볶이집과 치킨집이 있는 것도 고맙다. 그리고…… 버스 정류장이 가까운 것도 고맙다.

  고맙다고 생각하니 다 고맙다. 하나둘 고마운 것을 꼽다 보니 고마운 것의 목록이 점점 늘어난다. 작은 것도 고마워하게 된다. 고마운 것이 아니었던 것도 결국에는 고마운 것이었음을 깨닫는다. 고마운 것을 생각하다 보니 웃음이 나오고 마음이 즐거워진다. 고맙다고 생각하니 행복한 생각이 들고, 삶이라는 것이 축복으로 가득 차 있구나, 느끼게 된다. 고마움을 알게 해 주셔서 고맙습니다, 시인님!

지친 나를
기다려 주는
따뜻한 방이 있어

기다렸다는 듯이
내 몸을 덮어 주는
이불이 있어

오늘,
마지막 인사를 나눌 수 있는
별이 있어

서정홍

신발장에서
밤새 나를 기다려 준
정든 신발이 있어

수업 시간에
시를 읽어 주는
선생님이 있어

언제든지
나를 반겨 주는
큰 소나무가 있어

마음 놓고
수다를 떨 수 있는
소중한 친구가 있어

배고플 때
찾아가는
'흥부네 떡볶이' 집이 있어

책꽂이에
나를 웃기고 울리는
동화책이 있어

고맙습니다

돌고 돌아 어김없이
나를 깨우는
시계가 있어

나를 잊지 않고 알아보는
치매 걸린
할머니가 있어

콧노래 부르며
밥상을 차리는
어머니가 있어

나를 덥석 안아주고
일터에 가는
아버지가 있어

심심할 때
친구가 되어 주는
개구쟁이 동생이 있어

* * *

  듣고 싶지 않은 말을 들으면 마음에 서운함이 쌓인다. 조언하는 말, 충고하는 말도 어떨 때는 마음에 쌓일 때가 있다. 나 역시 누군가의 냉정한 말을 들으면 마음이 꽁꽁 얼어붙고, 마음의 얼음이 녹기까지 오랜 시간이 걸리는 편이다. 어떻게 하면 나를 서운하게 하는 말들이 마음에 쌓이지 않게 할 수 있을까? 어떻게 하면 금방 사르르 녹게 할 수 있을까?

  언제나 따뜻해서 눈 쌓일 시간을 주지 않는 제주도처럼 내 마음 땅을 제주도로 만들어야겠다. 내 마음의 온도를 항상 영상으로 유지하고 따뜻한 바람이 불도록 해야겠다. 그러면 누군가의 냉정한 말들이 눈이 되어 내리다가도 녹아서 물이 되겠지……. 물이 되어 마음 땅을 촉촉하게 적셔주고, 스며들어 비옥하게 하겠지……. 누군가의 냉정한 말들이 내 마음 땅에서 꽃이 자라게 할 수도 있겠다고 생각해 본다.

제주도 마음 땅

―너 그렇게 하면 안 돼.
―너 그렇게 할 때 싫었어.

듣고 싶지 않은 말
친구에게 들으면

내 마음 땅
얼음 땅 되는데

제주도엔 눈이 펑펑 내려도
자고 나면 녹는대

마음 땅 따뜻하면
눈 쌓일 시간도 주질 않나 봐

서금복

✽ ✽ ✽

 아이야, 그래, 이제는 더 이상 울지 말아라. 동생은 하늘나라에서 잘 지내고 있을 거야. 활짝 웃는 꽃으로, 지저귀는 새로, 밤하늘의 별로, 네 뺨을 스치는 바람으로 동생은 언제나 네 곁에 다가와 줄 거야. 네가 어른이 되면 추천해주고 싶은 노래와 시가 있다. 그건 〈천 개의 바람이 되어〉라는 노래, 그리고 마종기 선생님의 〈바람의 말〉이라는 시. 아줌마는 바람이 불면 그리운 사람이 온 건 아닐까 생각한단다. 어느 날 바람이 네 머리카락을 날리면 혹 개구쟁이 동생이 온 건 아닌지 바람에게 말을 걸어보렴.

이제는 울지 말아야지

어젯밤에 비가 오고 바람 불더니
마당가에 감들이 떨어져 있었어요.
아직 자라지 못한 파란 감들이에요.
큰 걸로 하나 집어들고는
방으로 들어와 예쁜 얼굴을 그려 주었어요.

감꽃이 필 무렵
하늘나라로 간 동생이
책상 위에서 웃고 있어요.

박일환

＊ ＊ ＊

　고마워, 친구야. 답답할 때 너에게 달려갈게. 너를 보고 울면 금세 가슴이 시원해지고 속상했던 마음이 풀릴 거야. 또 고마워, 친구야. 기쁜 날에도 찾아갈게. 너를 만나면 기쁨이 두 배가 되겠지. 내가 행복해서 폴짝폴짝 뛰면 너는 분명 같이 뛰며 환호해줄 거야. 친구야, 꼭 갈게. 너를 만나면 그동안의 이야기, 다 풀어 놓을게. 푸른빛으로 넘실거리며 햇살에 반짝이는 너처럼 아름다운 친구는 없어. 눈물을 말려주고 희망을 보여주는 너처럼 따뜻한 친구는 없어. 모든 것을 받아주는 너처럼 마음 넓은 친구는 없어.

수평선

친구야!
답답할 때 있지.

그럴 때
달려와.

구름과 하늘까지
보내서
네 가슴 닦아 줄게.

친구야!
기쁜 날에도

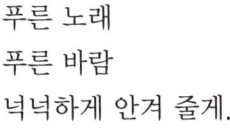

잊지 말고
찾아와.

푸른 노래
푸른 바람
넉넉하게 안겨 줄게.

박 일

✳ ✳ ✳

  도토리 키 재기 정말 많이 했다. 학창 시절에는 친구들과 성적으로 도토리 키 재기를 하고, 직장에 다닐 때는 동기들과 일, 외모, 경제력 등 온갖 것으로 도토리 키 재기를 했다. 엄마가 되었을 때는 우리 애와 남의 애를 도토리 키 재기 하기 시작했다. 도대체 왜 그랬을까? 인생에서 가장 후회되는 부분이다. 도토리 키 재기, 더 커도, 더 작아도 스트레스만 늘어날 뿐이었다.

  도토리 키 재기가 서로를 힘들게 하는 일임을 깨달은 순간부터 도토리 키 재기를 멈추었다. 행복과 발전의 원동력을 남과의 비교에서 찾기보다 내가 원하는 것을 하고 나를 채워나가는 것에서 찾기로 했다. 그러고 보면 중요한 건 도토리 키 재기가 아니라 볼록볼록 속을 채우는 일이다. 저마다 가치 있고 보람 있는 것을 찾아내어 삶을 자신만의 행복으로 채우는 일이다. 도토리가 데굴데굴 굴러가 알맞고 적당한 곳을 찾아내듯이……. 그곳에 자리 잡고 마침내 싹을 틔워 자신을 완성해가듯이…….

도토리 키 재기

고놈이 고놈 같다고
도토리 키 재기라 하지만

우리는 처음부터
키를 키우는 것보다

볼록볼록
속을 채웠다고요.

박승우

* * *

　열두 살이면 초등학교 5학년. 어린이에서 점점 벗어나 막 사춘기로 접어드는 시기. 감수성이 점점 풍부해져 헝클어진 장미 넝쿨에 속상해하고, 빨간 앵두를 바라보며 저도 모르게 감탄하는 나이. 그리고 열두 살은 내가 도시로 전학 가기 전 마지막으로 시골에서 보낸 나이……. 열두 살의 나는 어땠을까? 시냇가에서 물고기가 헤엄치는 걸 오래도록 바라보고, 흰 구름을 보며 혼자서 몽상하는 걸 즐겼지. 학교에선 선생님 말을 잘 듣는 얌전한 학생이었고, 앞자리에 앉은 남자애가 말을 걸면 살짝 얼굴이 붉어졌지. 종종 공책에 그림을 그리고, 알 수 없는 낙서를 끄적거리곤 했어. 장날이면 엄마를 따라 읍내에 나가 문방구 앞에서 일어설 줄 몰랐지. 시골은 너무 심심하고 조용했고, 어서 도시로 전학을 가고 싶었지. 그때 나에게도 열두 개의 손가락을 가진 바람이 지나가지 않았을까? 내 머리카락을 날리고 목덜미를 간질이며 지나가지 않았을까?

어쩐지
네 목덜미가 간지러운 것은
바람의
열두 개나 되는 손가락의 그림자 때문이지

네가
휙, 고개를 돌리면
바람의 열두 개나 되는 손가락들의 그림자들은
벌써
앵두나무에 주렁주렁 매달린
빨간 앵두를
기타 줄 퉁기듯
차르르 차르르
흔들어 대지

열두 살이 된다는 건
바람이 연주하는 빨간 앵두의 노래를
온몸으로
따라 부르는 일이지

문 신

바람의 그림자

조금 전
스윽,
네 어깨 너머로
뭔가
지나간 것 같다면

그것은
바람의 그림자

저
장미 넝쿨을 헝클어뜨리고 온 바람이
네 이마의 머리카락에
열두 개나 되는 투명한 손가락을
척,
올려놓을 때

＊ ＊ ＊

　뿌리는 부드러운 흙 덕택에 편안히 자리를 잡고 영양분을 흡수하여 깊고 튼튼히 뻗어나갈 수 있었다. 풀잎은 나무 덕택에 거센 바람에도 꺾이지 않고 풀꽃을 피워낼 수 있었다. 상추는 울타리 덕분에 안전하게 보호받으며, 푸르고 싱싱하게 자랄 수 있었다. 이제는 내가 흙이 되어야 할 시간, 나무가 되어야 할 시간, 울타리가 되어야 할 시간……. 그동안 내가 받은 것을 보답해야 할 시간이다. 기쁜 마음으로 흙과 나무, 울타리가 되어 감싸주고, 막아주고, 지켜주어야겠다. 부디 나무를 든든히 받쳐주는 깊은 뿌리가 되길……. 부디 나비와 잠자리의 의자가 되어 주는 풀잎이 되길……. 부디 아삭하고 맛있는 상추가 되길……. 나도 이젠 '이런 행복'을 느껴보고 싶다.

행복한 일

누군가를
보듬고 있다는 것은 행복한 일이다.

나무의 뿌리를 감싸고 있는 흙이 그렇고
작은 풀잎을 위해 바람막이가 되어 준 나무가 그렇고
텃밭의 상추를 둘러싸고 있는 울타리가 그렇다.

남을 위해
내 마음을 조금 내어 준 나도
참으로 행복하다.

어머니는 늘
이런 행복이 제일이라고 하셨다.

노원호

＊ ＊ ＊

　누군가 자기 이름이 다모라고 한다면, 나 역시 "특이한 이름이네요." 할 것 같다. 그리고 "무슨 뜻이에요? 혹시 그 드라마?" 하고 물을 것도 같다. 이름의 의미와 지은 내력이 무척 궁금하긴 하지만, 느낌이 중요하다고 하니 이름에 대한 관심은 그쯤에서 멈추고 앞으로는 느낌에 집중해야겠다. 그래, 느낌이 중요하다. 그동안 너무 요모조모 따지고, 계산하고, 분석하고, 느낌을 억누른 채 살았다. 느낌은 머리가 아닌 가슴이 시키는 것……. 느낌대로 하는 것은 가슴이 원하는 대로 하는 것이고, 가슴을 충족시키는 일이다. 느낌대로 한다면 더 자유롭고, 재미있고, 행복하지 않을까? 오늘 만난 그 사람 왠지 좋은 느낌이고, 오늘 시작한 일 왠지 잘 될 것 같은 느낌이라면 느낌대로 하자. 느낌이 그렇다면 느낌대로 하는 것이 자연스러운 일이다. 살다 보면 느낌이 맞을 때가 많다.

다모

네 이름 뜻을 누가 묻거든
뜻이 아니라 느낌이라고 말하렴.

다모야!

세상에는 뜻만 있는 것이 아니라
느낌이 더 많다는 것을 알아라.

사람을 만나서도 첫 느낌을
늘 기억해라.

남호섭

* * *

 시골 풀밭에서 만난 청개구리. 밝은 초록색에 또랑또랑해 보이는 눈이 참으로 예쁘고 귀여웠다. 손 위에 올려놓고 싶어 청개구리가 폴짝폴짝 뛰어다닐 때마다 쫓아다녔다. 살짝 집어 올려 손바닥 위에 올려놓고 두 손을 열었다 닫았다 하며 요리조리 살펴보았다. "여기 청개구리 있다." 하고 아이들을 불러 모아 보여준 후 찰칵찰칵 사진을 찍은 후에야 놓아주었다. 이 시를 읽고 '아뿔싸', 내가 대단한 잘못을 한 것을 깨달았다. 청개구리야, 정말 미안하다. 다시는 너를 만지는 일 없을 거야. 네가 화상을 입는다고는 생각 못 했다. 예쁜 너의 사진을 찍겠다고 너를 졸졸 따라다니는 일 따위도 절대 하지 않으마. 그때 청개구리는 얼마나 뜨겁고, 아프고, 무섭고, 놀랐을까? 청개구리가 울면서 돌아갔을 것을 생각하니 너무 마음이 무겁다.

아뿔싸

청개구리는
찬피동물이라
사람이 손으로 만지면
화상을 입는다
그런다

아뿔싸!

그것이 그랬구나
이적지 살면서
내 생각만 하고
사람 생각만 하고
살았구나

미안하다.

나태주

2장

오늘 하루
행복했어

* * *

  아주 짧은 시인데, 나에게 많은 생각을 하게 해 주었다. 가시를 많이 달고 있다고 해서 탱자를 지킬 수 있는 것은 아니다. 젊은 날, 나 자신을 지키기 위해 얼마나 많은 가시를 달고 있었던가. 그 가시로 다가오는 사람들을 얼마나 찔러 댔는가. 예민하고 날카로웠고, 탱자를 잃을까 마음은 늘 불안했다. 탱자를 꼭꼭 숨기고 누구에게도 보여주지 않으려 몸을 잔뜩 웅크렸다. 하지만 탱자는 잘 지켜지지 않았다. 가시가 있어도 오히려 내가 상처 입을 때가 많았다. 가시로는 탱자를 지킬 수 없었다. 탱자를 지키기 위한 다른 방법을 알았더라면……. 차라리 가시로 무장한 채 탱자를 숨기기보다 가시를 열어 탱자를 보여주었더라면……. 차라리 탱자를 나누어주었더라면…….

탱자나무

그 많은
가시 달고도
탱자 다 빼앗겼다

김현숙

* * *

  우리 가족은 가을, 겨울이면 사과를 박스째 사서 먹곤 한다. 껍질을 까지 않고 깨끗이 씻어 조각으로 잘라놓으면, 아이들이 오며 가며 집어먹고, 금세 접시는 비고 만다. 사과를 그렇게 즐겨 먹으면서도 맛있다는 생각만 했지 사과를 살펴볼 줄은 몰랐다. 이 시를 보니 사과는 해를 닮아 붉고, 달을 닮아 속살은 환하다. 껍질에는 밤하늘의 별들이 잔뜩 내려와 있다. 그러고 보니 사과를 먹는 것은 해와 달, 별을 먹는 것이었네! 사과를 먹으면 해, 달, 별이 들어와 배 속이 환해지겠네! 사과를 먹으면 기분이 밝아지고 건강해지는 이유를 알 것 같다.

사과

이 기쁜 것은 해를 닮아
붉고 또 노—란데
들여다보면 밤하늘
하 많은 별들이 내려와 있네

이 둥근 것은 달을 닮아
속살 가득 환—한데
방 한가운데 옹근 씨방
검붉은 씨앗을 품고 사네

김환영

* * *

  누구나 날고 싶은 꿈이 있지. 자유로워지고 행복해지고 싶은 꿈이 있지. 곰은 날고 싶어 일어서고, 개구리는 날고 싶어 펄쩍 뛰어오르고, 사슴은 날고 싶어 먼데 하늘을 바라보는 것이겠지. 꽃도 풀도 나무도 날고 싶어 바람에 푸르르 푸르르 몸을 흔들어보는 것이겠지. 나도 날고 싶어 옷자락을 펄럭거리고, 머리칼을 휘날리며 돌아다니곤 했지. 날고 싶어 뛰고, 날고 싶어 소리 지르고, 날고 싶어 밤새 눈물 흘렸지. 지금 나는 날기에는 이미 너무 늙어버렸고, 나는 것보다 땅에 머물러 있는 것을 더 편안하게 생각하게 되었지만, 날개의 씨앗이 사라진 건 아니지. 어디에 숨어 있는지는 모르지만 가끔은 문득 날개의 씨앗이 생각나곤 하지……

세상의 모든 것은
저마다 가슴 깊이
본디부터 갖고 있지
훨훨 날고 싶은
날개의 씨앗.

김종상

날개의 씨앗

나무가
잎을 다는 것은
날고 싶은 마음이지
나뭇가지, 가지마다
수많은 푸른 날개.

잔디밭
아기 메뚜기
그 작은 몸에서도
뾰족이 돋아나는
풀잎 같은 날개.

우리들 모두도
날고 싶은 마음으로
연을 띄우다가
수레에 날개를 달았지.

* * *

 이 시를 읽고 마음이 뜨끔했다. 혹시 나도 못 돌아다니게, 못 듣게, 못 떠들게, 못 까불게 누군가를 억압한 적은 없었는가? 누군가를 통제하려 하고 조종하려 했던 적은 없었는가? 내 마음에 드는 사람으로 만들기 위해 지나치게 간섭하고 관여한 적은 없었는가? 누군가의 말과 행동이 맘에 안 들어 내 뜻대로 바꾸려 하지는 않았는가? 누군가의 성향을 무시하고 내 입맛에 맞추려고만 하지는 않았는가? 내가 지금까지 우리 아이들에게 했던 말들을, 남편에게 했던 말들을, 친구들에게 했던 말들을 곰곰이 떠올려 보았다.

곰돌이 쿠키 먹는 법

다리를 아지작,
못 돌아다니게

귀를 또독,
못 듣게

입을 아작,
못 떠들게

팔을 야금야금,
못 까불게

김유진

* * *

  자연을 보고 있으면, 순리에 따라 살고 싶어진다. 고집을 부리고 싶지 않고, 욕심을 내려놓고 싶어진다. 걸림 없이 살고 싶고, 자연스럽게 살고 싶어진다. 시 속 화자의 말처럼 나 역시 마음이 착해지고 편안해진다. 날아가는 나비를 보면, 팔랑팔랑 가볍게 살고 싶어지고, 나무에 부는 바람을 보면 얽매이지 않고 자유롭게 살고 싶어진다. 꽃을 보면 웃으며 살고 싶어지고, 꽃 주위를 오가는 벌을 보면 성실하게 살고 싶어진다. 나무를 보면 품어주며 살고 싶고, 나무 위 새를 보면 노래하며 즐겁게 살고 싶어진다. 나뭇잎이 한 잎 떨어지면 마음을 내려놓아야겠다고 생각하게 된다. 이런 저런 일로 마음이 뾰족해지고, 모가 날 때에는 근처 숲에 다녀와야겠다. 꽃도 보고, 나무도 보고 착해져서 돌아와야겠다.

착해지는 내 마음

날아가는 나비를 가만히 바라보고 있었습니다

나무에 부는 바람을 가만히 바라보고 있었습니다

그러면 왜 그런지

마음이 착해지고 편안해집니다

김용택

* * *

 시간은 정말 놀다가는 게 아닌가 봐. 콩알만 하던 나를 밤톨만 하게 키워 놓고, 해바라기 같은 아가씨로 만들어 놓고, 접시꽃 같은 아줌마로 만들어 놓고……. 강아지 같은 아이들도 생기게 하고, 엄마가 되게 하고……. 시간은 정말 놀다만 가는 게 아닌가 봐. 미움도 가져가고 원망도 가져가고, 슬픔도 잊게 해주고……. 이기적이고 오만하던 나에게 겸손을 가르쳐주고, 나의 부족함을 인정하고 받아들일 줄도 알게 하고……. 이해하며 살아야겠다, 어울리며 살아야겠다 기특한 생각도 하게 하고……. 어느새 은행잎도 물들여 놓고, 단풍잎도 물들여 놓고, 사과도 붉게 만들어 놓고……. 시간은 바쁜가 봐. 그래서 빨리 가나 봐…….

시간은

시간은 놀다 가는 게 아닌가 봐
내 키도 키워 놓고
내 발도 크게 만들어 주고
친구 미워한 마음도 잊게 해 주고
창 밖 나뭇잎도 물들여 주고
시간은 놀다만 가는 게 아닌가 봐.

김옥애

* * *

　'꽃시 꽃분'이라는 말 정말 예쁘다. 인생이 꽃시 꽃분이라면 얼마나 좋을까? 화양연화(花樣年華)가 계속된다면 얼마나 좋을까? 그러나 행복한 시간은 짧기만 하다. 요즘은 특별할 것 없는 평범한 일상의 반복이다. 하지만, 가끔은 아무 일 없이 지나가는 평범한 매일도 행복한 시간이 아닐까 하는 생각을 해본다. 그리고 지금도 나는 꽃시 꽃분을 사는 건 아닌가 하고 생각하게 된다. 팔십이 넘은 친정 엄마가 머리를 빗고 있는 중년의 나를 빤히 쳐다보며 "젊어서 그런지 예쁘다." 하는 말을 들은 이후부터이다. 엄마가 보기에 나는 아직도 젊고 어리고, 화양연화, 꽃다운 시절이 진행중이다.

엄마가 묻기에

엄마가 들꽃 엮어
꽃시계 채워 주며
몇 시냐고 묻기에
대답했지요.

꽃시 꽃분!

듣고 있던 엄마
귀를 쫑긋 세우고
해님도 놀란 듯
눈을 번쩍 뜹니다.

김소운

* * *

젊은 날, 삶의 어려움을 겪을 때마다 마음이 부서지는 것 같은 느낌을 많이 받았다. 처음에는 꿈으로 가득했고, 뭐든지 해낼 수 있을 것 같았는데, 세상과 부딪치면서 바위처럼 단단했던 나의 자존심과 의지는 두 동강이 났다. 두 동강이 났지만 그래도 돌덩이 같았던 나의 의지와 자존심은 점점 시간이 흐르면서 깨어지고 부서져 돌멩이가 되고 자갈돌이 되었다. 그러고 보면 산다는 건 단단했던 바위가 바람 맞고 비 맞으며 점점 돌멩이가 되어가는 일인지도 모른다. 지금은 나도 모래가 되어가는 중이다. 얼마의 시간이 더 흘러야 고운 모래가 될까? 모래가 되어 무얼 할 수 있을까? 부드럽고 고운 모래가 되어 걸어가는 누군가의 지친 발을 감싸줄 수 있다면, 씨앗 하나 품고 있다가 풀꽃 한 송이 피워낸다면 다행일 것이다.

사막이 될 시간

바위는 진화 중이에요

커다란 덩어리에서
쪼끄만 알갱이로

꿈쩍 않는 무거움에서
작은 바람에도 굴러가는 가벼움으로

바위는 변하고 있어요
눈에 보이지 않지만 조금씩 천천히

사막을 건너가는 낙타 발자국이 될 때까지

김성민

***

 만날 때마다 쪼르르 달려 나와 꼬리를 흔드는 개를 보면 기분이 좋다. 이렇게 나를 환영해주다니, 얼굴에 저절로 미소가 피어오른다. 누군가 나를 반갑게 맞아준다면 그보다 행복한 일은 없을 것이다. 이 시를 읽으며 생각한다. 나는 처음 만난 듯이 기쁜 얼굴로, 춤출 만큼 반갑게 누군가를 맞아준 적이 있는가? 나는 대학 시절 친구에게 "너는 왜 만날 때마다 표정이 딱딱하고 굳어 있니?"라는 핀잔을 들은 적이 있다. 그러고 보니 친구를 만날 때마다 무표정한 얼굴로 "안녕" 하고 짧고 무뚝뚝하게 말해왔다는 사실을 깨달았다. 꼬리만큼은 아니더라도 아이가 학원 마치고 돌아왔을 때, 남편이 퇴근했을 때, 친구를 만날 때, 여러 모임의 사람들을 만날 때, 웃는 얼굴로 반갑게 맞이해야겠다고 생각한다. 남에게 웃는 모습을 보여주는 것이 작은 행동이지만 큰 덕을 쌓는 일이라고 누군가 말했다.

꼬리

아까 봐 놓고
하루 이틀 못 본 것처럼
조금 전에 봐 놓고
백 년 만에 보는 것처럼

처음 만난 것처럼
너는 언제나 기쁜 얼굴

다음에 태어날 땐
꼬리를 내게 줘

춤추는 꼬리
숨 가쁜 꼬리

김미혜

*　*　*

 누군가 나를 "박미란 씨" 하고 불러줄 때, 내가 씨앗이라는 생각을 전혀 하지 못했다. 최계락 선생님은 〈꽃씨〉라는 시에서 꽃씨 속에는 '파아란 잎이 하늘거리고', '빠알가니 꽃도 피어서 있고', '노오란 나비떼가 숨어 있다'고, 꽃씨의 무한한 가능성과 잠재력에 대해 이야기해 주셨다. 자신이 한 알의 씨앗임을 알고, 꽃 피우고, 나비를 불러 모으고, 열매 맺을 것을 생각하게 되면, 마음이 설레고 꿈과 희망으로 차오르게 된다.

 나 역시 궁금하다. 박미란 씨는 어떤 꽃을 피우게 될까? 어떤 모양과 향기를 가진 꽃이 될까? 아니면 박미란 씨가 맺게 될 박미란이란 열매는 어떤 열매일까? 시간이 지나면 점차 알게 되겠지. 세상의 모든 작은 씨앗 한 알들, 부디 봄을 맞아 맘껏 꿈을 펼쳐 나가길……. 자신의 모습을 발견하고 알아가면서 개성 있는 꽃이 되고, 꽉 찬 열매가 되길…….

김미영 씨

누군가
'김미영 씨' 하고
부르는 순간

나도
한 알의 씨앗이었다는 걸
깨달았네.

채송화씨, 오이씨, 겨자씨처럼
지구라는 커다란 밭에
뿌려진

씨앗 한 알.

김미영

* * *

 시집살이가 아니더라도 결혼하여 서로 마음을 맞춰가며 살아야 하는 결혼살이는 힘이 든다. 상대방의 가족과 익숙해지는 과정 또한 쉽지 않다. 그리하여 결혼 초기에 싸우는 일이 잦다. 주도권 싸움이라기보다 성격과 습관의 차이로 인해 빚어지는 자잘한 갈등들이다. 꼼꼼하고 까다로운 남편과 무던하고 털털한 나는 결혼하자마자 오랜 기간 참 많이도 싸웠다. 청소 문제로, 육아 문제로, 마트에서, 차 안에서……. 그때마다 나는 '그만 싸우자'고 속으로 되뇌었다. 그리고 내가 바뀌자고, 내가 하자고 마음을 다잡았다. 그 말 덕분에 지금까지 왔고, 요즘은 싸움을 그친 채 평화의 시기를 보내고 있다.
 반복하여 말하면 그 말대로 된다. 선하게 살자고 반복하면 선하게 살게 되고, 감사하며 살자고 반복하면 감사하며 살게 된다. 말에는 정말로 마술적인 힘이 있다.

말의 힘

쌀을 씻어 안치며
말도 씻어 안친다

선하게 살자
감사하며 살자
베풀며 살자

고된 시집살이
그 말이 우리 엄마
갓 시집온 새댁을
살렸다고 한다

지금도 기도하듯
말하는 그 말이
우리 엄마를 살게 한다

김명희

* * *

 갈대는 이별하느라 슬프게 손을 흔들고 있는 거라고만 생각했다. 신경림 시인의 〈갈대〉를 읽으며 속으로 울고 있는 거라고도 생각했다. 그런데 갈대가 천 번 만 번 일어서는 거라니……. 그러고 보니 갈대는 쓰러진 것을 본 적이 없다. 쓰러지면 일어서고, 흔들리면 중심을 잡기 위해 애쓰는 것처럼 보였다. 쓰러지고 흔들릴지라도 다시 일어서고, 제 자리로 돌아왔다. 그러고 보니 갈대는 오뚝이였구나! 바람 따라 이리저리 흔들리는 나약한 존재가 아니라 쓰러지면 다시 일어서는 불굴의 존재였구나!

갈대

갈대는
흔들리는 게 아니야

천
번

만
번

일어서는 거야

김금래

* * *

 저 아저씨 마음 나도 잘 안다. 나도 가끔 붕어빵을 사 들고, 떡볶이나 김밥을 포장해서 종종걸음으로 집으로 가곤 한다. 아이들의 반기는 웃음소리를 상상하면서……. "엄마 왔어? 와 맛있겠다." 달려드는 모습을 상상하면서……. 저 아저씨의 모습을 보니 나도 따라서 행복해진다. 아이들의 웃음소리가 들리는 듯하고, 왁자지껄 떠드는 소리가 들리는 듯하다. 밤나무뿐이랴. 달님도 창문을 들여다보며 환히 웃을 것이고, 별님은 더욱 반짝일 것이다. 그러고 보면 행복은 다른 데 있는 것 같지 않다. 가족과 함께 맛있는 것을 나눠 먹을 때, 그때가 바로 제일 행복한 때인 것 같다.

웃음소리

군밤 한 봉지 옆구리에 끼고
어스름 골목길 접어드는
저 아저씨 종종 발걸음
참으로 행복해 보인다.

아이들 반기는 웃음소리
다시 또 밝은 웃음소리
한가득 눈에 보이네.
밤나무도 환히 웃고 있겠지.

김구연

* * *

   쪼글쪼글, 희끗희끗, 나도 그 시간이 얼마 남지 않았다. 할머니가 된다고 생각하니 두려움과 걱정이 앞서고, 그때는 어떻게 살아야 할지 막막해진다. 쪼글쪼글해진 얼굴로, 약해진 팔다리로 무엇을 할 수 있으며, 무슨 즐거움이 있을지 우울해진다. 그 시간이 되도록 천천히 다가오기를 바라게 된다. 하지만 이 시를 읽으며 무거운 마음을 조금은 내려놓는다. 맞아, 할머니가 된다고 뭐가 달라지겠어. 머리는 하얘도 여전히 예쁘게 파마를 할 테고, 새 옷을 사고 좋아할 테지. 외출할 때면 입술에 립스틱을 찍어 바르고 거울을 요리조리 들여다볼 테고, 친구들을 만나면 달달한 커피 한 잔 시켜놓고 몇 시간씩 시끌시끌하게 수다를 떨겠지. 뭐가 달라지겠어. 여전히 남편과 티격태격하고, 식사 준비를 하며, 드라마를 보다 잠들겠지. 가끔은 시집을 보다가 "아이고, 눈이야." 하며 눈을 껌뻑이겠지.

뭐가 달라지겠어
새로 나온 책이 뭐 있나
새로 개봉한 영화가 뭐 있나
더듬더듬 검색하겠지
좋아하는 가수 콘서트 티켓값이 모자라
발을 동동 구르며
음료수를 벌컥벌컥 들이켜겠지
쪼글쪼글 희끗희끗하다고
뭐가 달라지겠어

김개미

나란 할머니

뭐가 달라지겠어
할머니가 돼도
나는 장미꽃을 보면
눈을 감고 향기를 들이켤 거야
기르는 개랑 툭탁툭탁
장난을 칠 거야
친한 친구들과 키득거리며
맛있는 걸 먹으러 갈 거야

뭐가 달라지겠어
새로 산 청바지를 입고
스니커즈를 신고
거울 앞에서
씰룩씰룩 엉덩이를 비춰보고
거울 속의 나에게
키스도 할 거야
연극을 보다 눈빛이 근사한 배우한테
푹 빠지는 건 당연해

* * *

　이 시는 개울물이 흘러가는 모습을 어찌나 잘 표현했는지 소리 내어 따라 읽다 보면, 웃음이 절로 나오고 기분이 좋아진다. 띵굴렁 띵굴렁, 쪼올딱 쪼올딱이라는 말이 하루 종일 머릿속을 맴돌고, 설거지를 하거나 길을 갈 때 나도 모르게 띵굴렁 띵굴렁, 쪼올딱 쪼올딱 중얼거리게 된다. 빤들 햇빛에 세수하고 어느 데인지 놀러가는 개울물. 깨끗하게 세수하고 반짝반짝 얼굴 빛내며 개울물은 어디를 그렇게 신나게 가는 걸까? 나도 덩달아 신이 나고 개울물을 따라나서고 싶어진다. "개울물아, 참 좋은 데 거기가 어디니? 나도 데리고 가줘! 함께 가자." 졸라대고 싶어진다.

개울물

빤들 햇빛에
세수하고
어느 데인지 놀러 간다

또로롤롱
쪼로롤롱

띵굴렁
띵굴렁

허넓적
허넓적

쪼올딱
쪼올딱

어느 데인지
어느 데인지
참 좋은 델
가나 봐.

권정생

* * *

  참 재미있는 시다. 나는 어린 시절을 충청도에서 지내다 보니 충청도 사투리에 익숙하다. 어머니께서 여전히 충청도에 살고 계신다. 충청도 사투리는 어미에 특징이 있다. '-겨', '-여', '-유'의 어미를 많이 사용한다. 고향 집엘 가면 어머니의 '그런겨?', '그려?' '그려~' 같은 말을 자주 듣게 된다. 이 시를 읽으니, 안동에 가서 밀가리로 만든 국시를 먹어 보고 싶다. "그려? 이것이 말로만 듣던 안동 국시여? 정말 맛있네유~" 하며 말이다. 아니, 충청도 사람들은 직접적인 표현을 잘 안 하니 "먹을 만하네유~" 하고 후루룩 단숨에 들이켤지도 모르겠다.

국시

밀가루로 만들면 국수
밀가리로 만들면 국시

하회 마을이 있는
경북 안동에 가면

국수는 없고
국시만 있다

국수 주세요, 해도
국시 준다

권오삼

      ＊ ＊ ＊

 '다시'라는 말이 무한반복처럼 느껴져 지겹고 싫었던 적이 있다. 숙제를 보여주었을 때 선생님의 '다시', 결재서류를 올렸을 때 부장님의 '다시', 무언가를 했을 때 '다시', '다시' 소리……. 힘들었다. 서운했다. '다시'는 피곤함의 다른 말일 뿐이었다. 그런데, 이 시를 읽으니, '다시'라는 말이 정말 좋은 말임을 알겠다. '다시'가 없다면 어떻게 좋아질 수 있겠는가? 어떻게 성장할 수 있겠는가? 어떻게 다시 시작할 수 있겠는가? '다시'가 나를 키웠다. '다시'가 지금의 나를 만들었다. '다시' 덕분에 덜렁대고 뭐든지 대충이던 내가 더 꼼꼼하고, 끈질기고, 성실한 내가 되었다. 더 야무지고 단단한 내가 되었다

다시

벌써 몇 번째였나.
나는 쓰러진 자전거를 다시 일으켜 세우고
다시 안장에 올라앉았다.
다시 해 보는 거야!
나는 페달을 밟으며 다시 소리쳤다.

다시가 있어
참 좋다.
몰라 그렇지, 다시 시작할 때마다
나는 조금씩 달라졌거든.
조금씩.

권영상

*　*　*

 딸과 엄마의 대화가 참 정답게 느껴진다. 보름달처럼 크고 동그란 눈을 가지고 싶어 하는 딸의 마음을 이해하지만, 나도 이 시에 나오는 엄마와 의견이 비슷하다. 보름달 같은 눈보다 초승달 같은 눈을 더 좋아한다. 초승달 같은 눈은 완전히 웃는 눈으로 남을 기분 좋게 하고 설레게 하는 눈이다. 초승달 눈을 가지고 있다면 백 퍼센트 사람들에게 사랑받을 것이라고 확신한다.

 돌이켜보니 기억에 남는 사람들은 쌍꺼풀이 있든 없든 맑고 선한 눈빛을 가진 사람들이다. 눈에서 따뜻함과 부드러움, 총명함과 지혜로움, 의지와 열정, 자신감 등이 배어 나온다면, 누구든지 그 눈을 잊지 못할 것이다. 게다가 눈에 별까지 떠서 반짝반짝 빛난다면 누구라도 그 눈에 반하게 될 것이다. 쌍꺼풀이 있어도 아무런 인상을 주지 못하는 내 눈……. 초승달까지는 아니더라도 종종 반달눈이라도 만들어 보아야겠다고 생각한다.

쌍꺼풀이 없어도

난 내 눈에
쌍꺼풀이 있으면 좋겠다
밤하늘의 보름달처럼

그런데 엄마는
아니야,

감실감실 눈웃음치는
네 눈이 더 예쁘단다
밤하늘의 초승달처럼.

구옥순

* * *

 참외를 먹다 보면 꼭지 부분을 먹게 될 때가 있다. 그럴 때면 쓴맛에 얼굴을 찡그리게 되고, 씹던 참외를 뱉어버리게 된다. 꼭지가 이렇게 쓴데, 참외는 쓰디쓴 꼭지를 빨면서 어떻게 제 몸을 단물로 가득 채울 수 있었을까? 쓰디쓴 꼭지를 빨다 보면 온몸이 쓴물로 가득해질 텐데, 쓴물을 단물로 바꾼 방법은 무엇일까? 단순히 시간 때문은 아닐 것 같고……. 햇빛, 바람, 농부의 정성 때문일까?

 인생의 여러 쓴맛을 맛보았음에도 지금은 환하게 웃음 짓는 사람들이 있다. 이제는 말할 수 있는 그들의 쓰디쓴 인생 이야기와 잔잔한 미소를 마주하다 보면, 더 이상 쓴맛이 남아 있지 않은 것 같다는 생각을 하게 된다. 그 변화의 비밀은 무엇일까? 속에서 무슨 일이 일어난 걸까? 정말로 참외에게 물어보고 싶다. 내 안에 고인 쓴물도 단물이 되기를 바라보면서……. 노오란 참외처럼…….

참외

참외 꼭지는 쓰다

쓰디쓴 꼭지를 빨면서
참외는 제 몸을

단물로 가득 채웠다

곽해룡

* * *

 토란잎, 고춧잎은 자기의 크기를 알고 있는 것 같다. 그러므로 자신에게 필요한 양만큼만 받고, 넘치면 덜어낼 줄 안다. 더 많이 받으려고 욕심내지 않고, 조금 받았다고 불평하지 않는다. 젊은 시절, 토란잎, 고춧잎과 달리 나는 욕심이 많았다. 나 자신의 크기를 생각 못 하고 무조건 많이 받으려고만 했고, 적다고 불만스러워했다. 그때 욕심대로 되었다면, 나의 잎사귀 크기로 감당이나 되었을까? 아마 휘청대다가 줄기가 부러졌을지도……. 시간이 흘러 이제는 어느 정도 나의 크기를 가늠할 수 있게 되었다. 분에 넘치는 욕심은 부리지 않게 되었고, 받은 것에 만족하게 되었다. 더 이상 토란잎을 힐끔거리며 부러워하지 않게 되었고, '나는 이 정도면 충분하다'고 말할 수 있게 되었다.

딱 고만큼

토란잎엔
토란잎만큼 큰 물방울이

고춧잎엔
고춧잎만큼 작은 물방울이

쉴 새 없이 내리는
빗방울을

딱 고만큼만
딱 자기 잎사귀만큼만

줄곧 받아 들고
줄곧 덜어 내는

토란잎 큰 물방울
고춧잎 작은 물방울

강지인

1장

꽃시 꽃분

이문구	··· 산 너머 저쪽 114
이상교	··· 어제저녁부터 116
이성자	··· 내 친구 고슴도치 118
이 안	··· 숨바꼭질 120
이정록	··· 달팽이 122
이준관	··· 하트 모양 124
이창건	··· 씨앗 126
이해인	··· 별을 보며 128
임동학	··· 꽃밭 132
임미성	··· 사랑 134
임수현	··· 천사가 느껴질 때 136
정두리	··· 안녕, 눈새야 138
정연철	··· 개울물 142
정유경	··· 눈사람 144
정진숙	··· 늦어도 146
차영미	··· 꽃 150
최명란	··· 어쩌죠? 152
최정심	··· 바나나 154
하청호	··· 귀도 맛을 안다 156
한명순	··· 귤 가시 158
한상순	··· 웃다 보니 160

3장

웃어 봐
그렇게 환하게

• 출처 162

나태주 … 아뿔싸 60

남호섭 … 다모 62

노원호 … 행복한 일 64

문　신 … 바람의 그림자 66

박승우 … 도토리 키 재기 70

박　일 … 수평선 72

박일환 … 이제는 울지 말아야지 74

서금복 … 제주도 마음 땅 76

서정홍 … 고맙습니다 78

성명진 … 오늘 온 눈 82

성환희 … 요양원에서 온 할머니 편지 84

송찬호 … 사슴뿔 숙제 86

송현섭 … 저물녘 시냇물아 88

신형건 … 우리 가슴속에 90

안도현 … 매화꽃 94

안진영 … 민들레꽃의 하루 96

안학수 … 호박꽃 98

오선자 … 겨울 감나무에게 100

우남희 … 유가사 은행나무 102

유경환 … 초록별 뜨는 호수 104

유미희 … 묵은 씨 106

유희윤 … 포도 108

윤제림 … 누가 더 섭섭했을까 110

2장

오늘 하루
행복했어

| 차례 |

1장
꽃시 꽃분

강지인 … 딱 고만큼 14
곽해룡 … 참외 16
구옥순 … 쌍꺼풀이 없어도 18
권영상 … 다시 20
권오삼 … 국시 22
권정생 … 개울물 24
김개미 … 나란 할머니 26
김구연 … 웃음소리 30
김금래 … 갈대 32
김명희 … 말의 힘 34
김미영 … 김미영 씨 36
김미혜 … 꼬리 38
김성민 … 사막이 될 시간 40
김소운 … 엄마가 묻기에 42
김옥애 … 시간은 44
김용택 … 착해지는 내 마음 46
김유진 … 곰돌이 쿠키 먹는 법 48
김종상 … 날개의 씨앗 50
김환영 … 사과 54
김현숙 … 탱자나무 56

책이 나오기까지 많은 분들의 도움이 있었습니다. 시의 게재를 허락해주신 출판사와 시인님들께 진심으로 감사드리며, 책을 출판해주신 고은문화사에도 감사의 마음을 전합니다.

＊직접 동시집을 구입해 읽고, 원문을 확인하며 옮겨 적었습니다.

이 책은 제가 그동안 동시집을 읽으며, 어른들이 읽어도 감동적이라고 생각한 시들을 모은 것입니다. 주로 삶의 의미와 가치, 삶에 대한 성찰과 통찰이 담겨 있는 시들입니다. 시를 읽고 나서는 초등학교 시절 독후감 숙제를 하듯 열심히 느낀 점을 적어보았습니다. 인내와 노력, 모험과 도전 정신, 타인에 대한 배려와 사랑 등의 가치들은 어린이들에게만 필요한 덕목이 아니라 어른인 저에게도 꼭 필요한 덕목들이었습니다.

　소모적인 일상생활 속에서 마음이 무겁고 지칠 때가 많았는데, 동시를 만나 즐거웠습니다. 동시를 읽는 시간은 저에게 삶의 긴장을 내려놓고 잠시 쉬어가는 시간이었습니다. 동시를 읽으며 슬며시 웃다 보면 마음이 환해지고 여유로워졌습니다. 아울러 지금의 나를 점검하고 다시 힘을 얻는 시간이었습니다. 이 책을 읽으며, 나를 알아가는 행복한 시간이 되었으면 좋겠습니다. 또한 자신을 돌아보고 앞으로의 삶을 생각해보는 소중한 시간이 되었으면 좋겠습니다.

본 적이 없었습니다. 그런데 동시집을 다 읽은 후 저는 오랫동안 책을 내려놓을 수가 없었습니다. 동시가 이렇게 재미있었나, 동시가 이렇게 아름다웠나, 하는 생각이 들었기 때문입니다.

그 후부터 저는 동시를 꾸준히 읽기 시작했고, 동시에는 어른들이 읽어도 좋은 아름다운 시들이 가득하다는 걸 알게 되었습니다. 그리고 동시 작가들이 어린이뿐만 아니라 어른들을 대상으로 해서도 동시를 쓴다는 것을 알게 되었습니다.

동시에는 어린이들의 생활과 생각을 담은 시들이 많았지만, 자연에 대한 관찰과 이해, 삶에 대한 태도와 깨달음이 담긴 시들도 많았습니다. 저는 생활 동시를 읽을 때는 미소를 지으며 어린 시절의 나를 떠올려 보게 되었고, 자연에 대한 관찰이 드러난 시를 읽을 때는 자연의 의미와 아름다움에 대해 생각하게 되었으며, 삶에 대한 태도와 깨달음이 담긴 시를 읽을 때는 나 자신을 돌아보며 반성하게 되었습니다.

| 머리말 |

동시를 만나 쉬어가다

 제가 동시를 만난 건 제 아이가 초등학교 3학년 때입니다. 아이의 알림장에 동시집을 사서 보내 달라는 내용이 적혀 있더군요. 그때 선생님이 보내 달라고 한 동시집이 이안 선생님의 《글자 동물원》이었습니다. 얼마 후 아이가 말했습니다. "엄마, 선생님이 이 책에서 제일 좋아하는 동시를 골라서 적어오래. 그리고 그 이유도 써오라는데, 뭘 골라야 할지 모르겠어."

 이후 저는 아이에게 도움을 줄 요량으로 이안 선생님의 《글자 동물원》을 천천히 읽어보기 시작했습니다. 이전에 저는 종종 시집을 사서 읽어보곤 했었지만, 동시집은 어린이가 읽는 책이라는 선입견이 있어서인지 한 번도 사서 읽어

어른이 읽는 동시

박미란 · 엮고 · 쓰고 · 그리다

㈜고은문화사

어른이 읽는 동시

2023년 7월 20일 초판 인쇄
2023년 7월 30일 초판 발행

발행처 ㈜에스엠지크리에이티브 | **발행인** 황경태
편집책임 김양섭 | **편집** 황혜리, 천의진
주소 서울 구로구 디지털로 26길, 5, 707호(에이스하이엔드타워 1차)
신고번호 제25100-2021-000039호
전화 (02)875-1127 | **팩스** (02)875-0733

ISBN 979-11-90746-85-4 03810

* 이 책은 저작권법에 따라 보호를 받는 저작물이므로 무단 전재와 무단 복제를 금지합니다.
* 잘못된 책은 구입하신 서점에서 바꿔드립니다.
* 책값은 뒤표지에 있습니다.
* 고은문화사는 (주)에스엠지크리에이티브의 유·아동 전문 출판 브랜드입니다.

어른이 읽는 동시